帝造者

勒布朗·詹姆斯
LEBRON JAMES

冯逸明 / 著

北京时代华文书局

图书在版编目（CIP）数据

帝造者：勒布朗·詹姆斯 / 冯逸明著 . -- 北京 ：北京时代华文书局，2020.6
ISBN 978-7-5699-3475-5

Ⅰ . ①帝… Ⅱ . ①冯… Ⅲ . ①詹姆斯（James, LeBron）—生平事迹 Ⅳ . ① K837.125.47

中国版本图书馆 CIP 数据核字 (2020) 第 003285 号

帝造者：勒布朗·詹姆斯
DI ZAO ZHE: LE BU LANG ZHAN MU SI

著　　者 | 冯逸明

出 版 人 | 陈　涛
选题策划 | 赵　雷
责任编辑 | 石乃月　王雨沉
特约编辑 | 陆兆远
装帧设计 | 冯逸明　牛　涛
责任印制 | 刘　银

出版发行 | 北京时代华文书局 http: //www.bjsdsj.com.cn
北京市东城区安定门外大街 136 号皇城国际大厦 A 座 8 楼
邮编：100011　电话：010-64267955　64267677　57735441
印　　刷 | 朗翔印刷（天津）有限公司　022-69485499
（如发现印装质量问题，请与印刷厂联系调换）
开　　本 | 710mm × 1000mm　1/16　印　张 | 7.5　字　数 | 202 千字
版　　次 | 2020 年 9 月第 1 版　印　次 | 2020 年 9 月第 1 次印刷
书　　号 | ISBN 978-7-5699-3475-5
定　　价 | 55.00 元

目录
CONTENTS

一切过往，皆为序章，
皇者归来，御风而上。
LeBron James

JAMES
23

wish
LAKERS
23
SPORTSNET

帝造者

勒布朗·詹姆斯札记

LeBron James

作为“03白金一代”的状元，詹姆斯在高中时期的篮球赛中就有“帝王级”的表现。时至今日，十七年过去了，詹姆斯显然配得上任何赞美，他依然是NBA（美国职业篮球联赛）的第一人。

2018年季后赛，即将34岁的詹姆斯砍下7场40+，包括总决赛第一场的51分，此外还有两记绝杀。在34岁这个年纪，没有任何一位巨星能够在进攻端释放如此强大的火力，即便是乔丹。

2020年，已经35岁的詹姆斯征服过无数巅峰，他九进总决赛、三夺总冠军，将总决赛MVP（最有价值球员奖）、常规赛MVP、全明星MVP都拿过三遍及以上，总得分超越乔丹、科比跻身历史前三。但这些过往，对于志在天下的一代“帝王”而言，只是序章。

转战湖人后，即使年过35岁，詹姆斯依然正值巅峰，依然能够靠身体碾压任何对位者，而与此同时，他的经验、手感、技术、意志、心态，全都提升到了一个新的高度。

如今，詹姆斯在自己NBA生涯第17年，正全力率领湖人去冲击历史第17冠。35岁以后的詹姆斯，愿你征服星辰大海，成为“宇宙之王”。一切过往，皆为序章，皇者归来，御风而上。

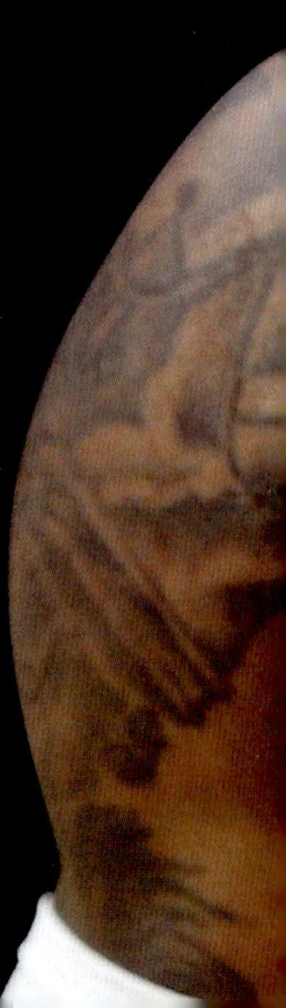

wish
LAKERS

2020 年，湖人阔别总冠军已经有十个年头，是时候将夺冠提上日程了。

2018 年，詹姆斯加盟湖人之所以足够轰动，除了主角本身的流量体质之外，无疑还包含了湖人改弦更张的决心。詹姆斯需要内线空间和外围射手，但在他加盟湖人的第一个赛季，湖人却围绕着他设置一大堆需要攻击内线的球员：球队最好的三分手竟然是詹姆斯自己。当然了，湖人的决心是坚定的，只是一时积重难返而已。

在詹姆斯加盟的第二个赛季，一切都改变了。2019-2020 赛季过半，湖人战绩高居西部第一，在全联盟也仅次于雄鹿。于是，湖人再度成为总冠军的有力争夺者。

无论对湖人还是詹姆斯，这都是司空见惯的事情：前者是 NBA 历史上的头号豪门，后者是过去十年里的联盟第一人。他们所关心的并不是这个，而是最后的结果。

竞技体育拥有无数种可能性，但并非所有的因素都是无法分析的。

首先，我们来看 2019-2020 赛季的 NBA 整体格局，在攻防完美的“勇士王朝”崩解之后，这个赛季的 NBA 强队暴露出一些短板，就连湖人、雄鹿、快船这三支“豪强”也不例外。

雄鹿不必多说，2018-2019 赛季的东部决赛已经说明了问题：这支球队太过依赖转换进攻和三分球，缺乏有效的阵地战套路。快船则恰恰相反，他们缺乏詹姆斯和“字母哥”这样的超级驱动者，伦纳德和乔治让他们的防守达到历史级别，但进攻端至今仍然显得凌乱。

这是一个追求速度与三分的“小球”时代，但 2019-2020 赛季湖人的三分球命中数在联盟中排名倒数，他们缺乏足够稳定与精准的三分射手。

但湖人拥有全联盟第一的二人组——“詹眉组合”，詹姆斯 + 戴维斯的超级二人组，外加一群助手。这就出现了两个问题，一是防守大于进攻，二是球权过于集中——湖人二人组的使用率，在过去十年里，除了著名的雷霆“王炸组合”，已然无人能与之相比。

诚然，湖人历史上也曾有“OK 组合”这样的“寡头统治”。2001 年更是一种极致，队内第三号得分手是场均 11 分的费舍尔。

2019-2020 赛季是一个极其特殊的赛季，勇士定义了这个时代的篮球潮流，但如今的勇士已经倒了，下一个潮流是什么谁也无法断言。湖人固然问题不小，而竞争对手们的问题似乎更大——一支球队强大与否，许多时候是相对而言的。

所以，尽情期待吧。在疫情肆虐全球的 2020 年，一度被迫停赛的 NBA 实在是太需要一个宣传爆点来振奋球市和人心了，而最适合充当这个爆点的，无疑是詹姆斯和他领衔的湖人，以及即将上演的双重意义上的皇者归来。

2020 皇者归来，

文：穆东、轩窗少年

御风而上。

LeBron James

wish
LAKERS
23

尖锋时刻

2020

詹姆斯四大现象级

2019-2020 赛季湖人首发场均数据表

外线球员	篮板	助攻	得分
艾弗里·布拉德利	2.3	1.3	8.6
丹尼·格林	3.3	1.3	8.0
勒布朗·詹姆斯	7.8	10.2	25.3
内线球员	篮板	盖帽	得分
安东尼·戴维斯	9.3	2.3	26.1
贾维尔·麦基	5.7	1.4	6.6

2019-2020 赛季湖人替补场均数据表

外线球员	篮板	助攻	得分
拉简·隆多	3.0	5.0	7.1
亚历克斯·卡隆索	1.9	1.9	5.5
考德威尔·波普	2.1	1.6	9.3
凯尔·库兹马	4.5	1.3	12.8
内线球员	篮板	盖帽	得分
德怀特·霍华德	7.3	1.1	7.5

2019-2020 赛季湖人场均数据表

排名	胜率	得分	失分	篮板	助攻
西部第一	73.2%	113.4	107.6	45.7	25.4

1

王师 TEAM

因为有詹姆斯这位联盟第一人坐镇，湖人再次成为总冠军级别的球队。

如今湖人阵容鼎盛，有超级内外线二人组，又有一干“冠军拼图”式的球员以及“黏合剂”式的教练。他们已打出西部第一的骄人战绩，夺取总冠军才是如今这支“紫金军团”的不二之选。

2019–2020 赛季，在因新冠疫情停摆之前，湖人出战 63 场，取得 49 胜 14 负，战绩高居西部第一

1

2019—2020 赛季

洛杉矶湖人阵容解析

2019—2020 赛季，因为新冠疫情而停摆之前，湖人以（49 胜 14 负）77.8% 的胜率高居西部第一、联盟第二的位置，仅次于东部雄鹿 81.5% 的胜率，湖人时隔 7 年再次挺进季后赛。

远赴奥兰多的迪士尼乐园参加复赛，把总冠军奖杯带回洛杉矶，这不仅是拥有 16 冠王朝底蕴的湖人的唯一目标，也是年逾 35 岁的詹姆斯的强烈心愿。

当然，这一冠也为了远在天上的科比。

艾弗里·布拉德利

英文名：Avery Bradley/ 身高：1.88m
位置：控球后卫 / 生日：1990 年 11 月 26 日

身高仅为 1.88 米的布拉德利却有着 2.01 米的臂展，这让他在对位游刃有余，充分运用稳定的下盘力量与较长臂展去干扰对方投篮。

此外，作为“中投靓仔”，布拉德利那手精准的中距离投篮是湖人一种非常有效的进攻武器。

丹尼·格林

英文名：Danny Green/ 身高：1.98m
位置：得分后卫 / 生日：1987 年 6 月 22 日

尽管手感忽冷忽热，但格林是一个大场面球员，总决赛曾单场命中 7 记三分，同时他也是精英级的外线防守者。

作为一名接球射手，格林非常适合埋伏在詹姆斯的身边，扮演一个“超级巨舰”身边的“僚机”角色。

勒布朗·詹姆斯

英文名：LeBron James/ 身高：2.03m
位置：小前锋 / 生日：1984 年 12 月 30 日

本赛季詹姆斯依然展现出强大统治力，场均砍下 25.7 分、送出 10.6 次助攻，成为联盟助攻王。并且在关键时刻，他总能掌控比赛，率领湖人力克强敌。

安东尼·戴维斯

英文名：Anthony Davis/ 身高：2.08m
位置：大前锋 / 生日：1993 年 3 月 11 日

戴维斯脚步速度很快，除了可以持球进攻以外还可以做空切顺下，空切进攻占他进攻总数的 20% 以上。防守方面，作为联盟的盖帽王，巅峰时期场均可以奉献 3 次盖帽。

贾维尔·麦基

英文名：JaVale McGee/ 身高：2.13m
位置：中锋 / 生日：1988 年 1 月 19 日

2.13 米的身高和 2.29 米的臂展让他成为不可多得的禁区守护者，双手张开如同一只大蜘蛛覆盖禁区，将进入内线的对手一个个吞噬。生涯场均 1.5 次封盖就是最好的证明。

拉简·隆多

英文名：Rajon Rondo/ 身高：1.85m
位置：控球后卫 / 生日：1986 年 2 月 22 日

隆多臂展很长、手掌奇大，传球和篮板能力在后卫中难逢敌手，被调侃为“隆中锋”。他的传球诡异莫测，假传球突破上篮更是其拿手好戏。隆多唯一被人诟病的是他的外线跳投水准。

虽然布拉德利的退赛，让湖人失去一个中距离杀伤对手的武器以及一位单兵防守悍将，但J.R. 史密斯的加盟给湖人带来新的远程火力，毕竟詹姆斯有“人工智能”开启的钥匙。

湖人阵中还有“乱战高手”维特斯、“远程炮塔”马库斯·莫里斯，而主教练沃格尔精于临阵调度、知人善任，他有时就像羽扇轻摇的“小诸葛”，温文尔雅而又充满凝聚力。

亚历克斯·卡隆索

英文名：Alex Caruso/ 身高：1.96m
位置：得分后卫 / 生日：1994 年 2 月 28 日

“秃曼巴”的活力与拼劲，是如今湖人所不可或缺的。他朴实无华却偶露峥嵘，他甘心做“绿叶”，在场上发挥积极作用。虽然作为一个得分手或者控球手他还颇为不足，但在詹姆斯的身边，卡隆索就能成为湖人夺冠阵容的重要“拼图”。

肯塔维奥斯·卡德维尔-波普

英文名：Kentavious Caldwell-Pope/ 身高：1.96m
位置：小前锋 / 生日：1993 年 2 月 18 日

“波普定律”让他似乎成为一个“得分困难户”，这显然不公平。随着上场机会的增加，波普也逐渐找到得分的感觉。他的防守与快速转换得分以及底角三分投射，是湖人攻守的一大利器。

凯尔·库兹马

英文名：Kyle Kuzma/ 身高：2.03m
位置：大前锋 / 生日：1995 年 7 月 24 日

“又帅又能打”的库兹马堪称湖人未来的希望。他得分、传球能力都不错，更敢于拼抢篮板。本赛季持球进攻减少后，他能够通过空切或者跑位获得空位出手机会，只是外线三分的精准度还有待提高。

德怀特·霍华德

英文名：Dwight Howard / 身高：2.11m
位置：中锋 / 生日：1985 年 12 月 8 日

虽然霍华德成为湖人的替补球员，但他那超过七成的投篮命中率还是颇为惊艳。瘦身后的“魔兽”机动性更强，他在攻防两端依然能够释放恐怖的能量。只是他那蹩脚罚球，也许会成为湖人的隐患。

2

王牌 TRUMP

詹姆斯负责用NBA史上最顶级的个人创造力来驱动全队的进攻，戴维斯则以现役内线球员最顶级的天赋和技术来统治攻防两端。詹姆斯与戴维斯这对超级二人组，就是现在湖人赢球的王牌。

詹姆斯与戴维斯共同出战53场，湖人胜43场，胜率高达78.2%。

78.2%

STANLEY CUP
CHAMPIONS
2013-14
The Practice of Excellence
TOSHIBA
LAKERS

Frost
credit
human

LAKERS

3

传球
ASST

詹姆斯是这个星球上最会传球的人之一，这个赛季他还是联盟的助攻王，他拥有广袤无垠的视野以及睿智缜密的思维，犹如指挥塔般梳理进攻、盘活全队，总能为队友送上精妙传球。

詹姆斯职业生涯场均送出 7.4 次助攻，2019-2020 赛季场均送出 10.2 次助攻

10.2

尖锋时刻

詹姆斯四大现象级

4/灌篮

皇者之鞭

4

灌篮

SLAM

年逾35岁的詹姆斯依然喜欢用灌篮这种摧敌肝胆的方式来得分，以此唤醒队友。他那石破天惊的大力灌篮又如“皇者之鞭”，惩戒了“兴兵犯境”的对手。

生涯出场总计1258次，灌篮共计1898次，场均1.51次。

1.51

LAKERS
23
MINNESOTA
5
SPORT CHANGES EVERYTHING
Spectrum
BUD LIGHT
LAC 46
JAX 10
NFL
UCLA Health
TOYOTA

2020 年 7 月 12 日，詹姆斯在湖人复赛的首次训练中，穿上了 LeBron 17“Courage”战靴。

这是一双詹姆斯与周杰伦的联名款战靴，延续了LeBron 17 的造型，鞋舌上印有带有中国元素的龙，配色选择象征着皇家的金黄色，鞋舌下方配有詹姆斯的个人 Logo。鞋面则是桃红色的纹理点缀，左鞋舌上写着“勇气”，右鞋舌上写着“毅力”。

“勇气”与“毅力”的灵感来源于周杰伦 2006 年的歌曲《红模仿》的一句歌词，“那就是勇气与毅力，我要做音乐上的皇帝”。

● UNDEFEATED x Nike Kobe 1 Protro/ 以下比赛登场战靴
2020 年 2 月 1 日湖人 VS 开拓者 /RIP KB GiGi：纪念科比和 GiGi。

2019–2020 赛季

詹姆斯战靴巡礼

2019–2020 赛季，NBA 经历了太多波折，詹姆斯率领湖人在乱世之中擎起王旗，打出了王朝中兴的节奏。这赛季科比的离去，成为詹姆斯以及湖人众将心中永远的痛，他也通过文身以及球鞋写字的方式，以示纪念。

本赛季詹姆斯经常在各种球鞋上手写各种符号和文字，这种“涂鸦艺术”也渐渐成为一种常态表现。

● Nike LeBron 17/ 以下比赛登场战靴
2019 年 10 月 26 日 / 湖人 VS 爵士

● Nike LeBron 17/ 以下比赛登场战靴
2019 年 11 月 23 日 / 湖人 VS 雷霆

● Nike LeBron 17/ 以下比赛登场战靴
2019 年 11 月 2 日 / 湖人 VS 独行侠

● Nike LeBron 17/ 以下比赛登场战靴
2019 年 11 月 24 日 / 湖人 VS 灰熊

● Nike LeBron 17/ 以下比赛登场战靴
2019 年 11 月 14 日 / 湖人 VS 勇士

● Nike LeBron 17/ 以下比赛登场战靴
2019 年 12 月 13 日 / 湖人 VS 魔术

● Nike LeBron 17/ 以下比赛登场战靴
2019 年 12 月 16 日 / 湖人 VS 老鹰

● Nike LeBron 17/ 以下比赛登场战靴
2020 年 1 月 26 日 / 湖人 VS 76 人

● Nike LeBron 17/ 以下比赛登场战靴
2019 年 10 月 26 日 / 湖人 VS 爵士

● Nike LeBron 15 Low/ 以下比赛登场战靴
2019 年 11 月 6 日 / 湖人 VS 公牛

● Nike LeBron 17 Low “Tune Squad”
2020 年 2 月 13 日 / 湖人 VS 掘金登场战靴
配色主题为电影《空中大灌篮 2》，兔八哥团队“Toon Squad”主色点缀鞋身细节。

● Nike LeBron 17 “Monsters”
2020 年 2 月 17 日 / 全明星赛登场战靴
此配色主题为《空中大灌篮 2》，反派团“Monsters”球队主色点缀鞋身细节。

数据统计截至到 2020 年 2 月 13 日，湖人以 120 比 116 战胜掘金的比赛之后。

2019年3月7日
詹姆斯超越乔丹
32292分

2018年11月15日
詹姆斯超越张伯伦
31419分

2018年10月28日
詹姆斯超越诺维茨基
31560分

被詹姆斯超越后，当时还是现役球员的诺维茨基依旧还在不断得分，直到2019年退役，他总得分定格在31560，历史总得分榜上排名第六位。

七大三万分先生

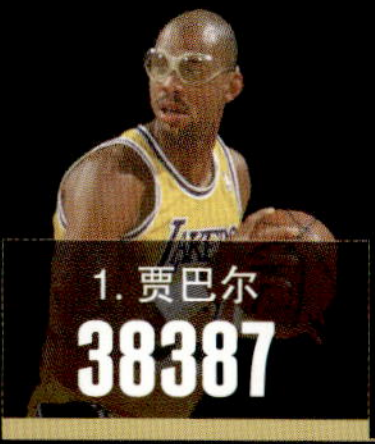
1. 贾巴尔
38387

2. 马龙
36928

3. 詹姆斯
33817

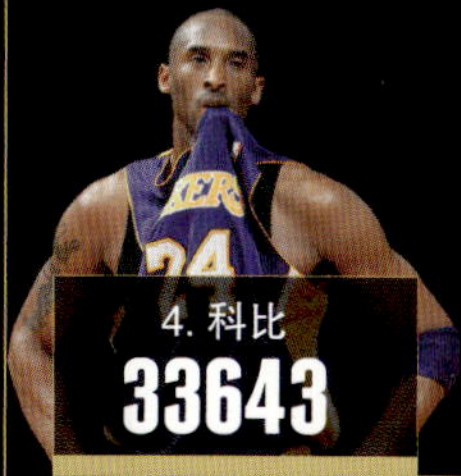
4. 科比
33643

5. 乔丹
32292

6. 诺维茨基
31560

7. 张伯伦
31419

一切过往，皆为序章

勒布朗·詹姆斯三十五岁特别纪念

35

文：轩窗少年

当时间来到2019年12月30日，詹姆斯已经35周岁了，对于任何一名职业球员而言，35岁都是生涯暮年，但詹姆斯却是例外。

首先说说詹姆斯的生日——1984年12月30日，如果再晚两天，他就是一名“85后”球员。但恰恰是这两天，让詹姆斯永远比自己的年龄更年轻。换句话说，他是最年轻的"85前"球员。

在詹姆斯出现之前，对于任何一个篮球运动员而言，35岁都是一个职业生涯即将盖棺论定的年龄。

佩蒂特刚过30岁就开始琢磨着退役；“魔术师”约翰逊离开球场时32岁；科比35岁时，竞技状态已经被跟腱毁掉；乔丹35岁时仍是天下第一，但那一年是公牛的最后一舞。

当然，NBA历史上并不缺乏常青树，比如双双战斗到40岁后的“犹他双煞”，比如38岁时仍然拿下总决赛MVP的“天勾”。但从职业生涯的高度看，“犹他双煞”并不适合拿来对比詹姆斯。“天勾”在1982年之后便更像是“魔术师”约翰逊的副手。

那么，詹姆斯是例外的吗？

按照34岁时拿下生涯最后一个总冠军，39岁时退役的奥尼尔的说法，詹姆斯职业生涯中最重要的节点应该是2016年。在总决赛以大比分1比3落后的绝境下，他带领骑士扭转了（常规赛打出NBA历史最佳战绩73胜的）勇士，为克利夫兰打破百年天荒，为自己拿到职业生涯第三个总冠军。

这个冠军彻底奠定了詹姆斯独特的历史地位：在NBA万神殿中，除了乔丹，他已然不需要向任何一个巨星低头。

这样的剧本一出来，所有人都知道，哪怕他的职业生涯还在继续，但这已经是一种极致了。奥尼尔的原话是，“从此以后，所有的事情都将是锦上添花了”。

即使如此，詹姆斯仍然吸引着所有NBA球迷的关注。2016年的逆转夺冠已经过去了将近四年。在这四年里，“字母哥”作为新一代“运动怪物”横空出世，伦纳德终结了“五星勇士”，杜兰特蝉联总决赛MVP，库里更是以灵魂人物的身份开创了“小球王朝”。

但在现役球员排名里，这些人仍然只能排在詹姆斯后面，最有希望取而代之的杜兰特甚至因为无法接受这种落差而导致内心失衡。

换言之，在种种因素的巧妙运使下，NBA迟迟无法出现一个足够服众的新牌面——因为无论是谁，一旦被赋予这样的地位，他们都将和詹姆斯在放大镜下“刚正面”，毫无取巧余地。在这种局面下，就会更加显得库里和杜兰特等一干巨星们火候不足。

2018年的季后赛，库里和杜兰特是最后的赢家，但詹姆斯却征服了所有人。你很容易就能想象，得有什么样的表现，才能让克利夫兰人心悦诚服地祝福第二次离开的詹姆斯。

从某种意义上来说，2018年的季后赛，是詹姆斯在进攻端超级能量的极致释放：22场比赛中，34岁的詹姆斯7场拿下40+，包括一次总决赛揭幕战的51分，外加两次压哨绝杀。

然后，詹姆斯带着这样的表现，来到洛杉矶。一年之后，湖人用半支球队换来安东尼·戴维斯，“紫金王朝”再次成为总冠军最有力的争夺者。

这就是詹姆斯即便已经35岁了，但他的职业生涯仍然能够让所有人期待的原因。

所以，如今的詹姆斯仍然有资格念出莎士比亚的名句：“一切过往，皆为序章。”

对于强者而言，人生最高等级的幸福，是未来仍然充满无限可能和希望。很显然，35岁的詹姆斯拥有这种幸福。

2020年是詹姆斯驾临NBA的第17个年头，如今征战17年的詹姆斯正率领湖人，全力去争夺历史上的第17个总冠军。这也是他夺冠的最佳时机。

18岁
天选之子，白金状元，历史上最具天赋的高中生，18岁的詹姆斯"仰世而来"，他要征服的是——星辰大海。
35岁
将三届总冠军、三届总决赛MVP、四届常规赛MVP揽于一身，总得分超越科比、乔丹，高居历史前三，35岁的詹姆斯已是毫无争议的现役第一人，他的下一个目标就是——GOAT（历史最佳）。
岁月之鉴
还是从前那个少年
没有一丝丝改变。
35岁的詹姆斯回首望去，满满都是自己18岁的样子。

2003 年选秀状元
一届得分王
两届奥运金牌
九届东部冠军
十六届全明星首发
十二届最佳阵容
五届最佳防守阵容

三届总冠军

2012 年　2013 年　2016 年

三届总决赛 MVP

2012 年　2013 年　2016 年

四届常规赛 MVP

2009 年　2010 年　2012 年　2013 年

三届全明星 MVP

2006 年　2008 年　2018 年

2003	2003-2004	2004-2005	2005-2006	2006-2007	2007-2008	2008-2009	2009-2010	2010-2011
选秀状元	总得分 1654 最佳新秀	总得分 2175 全明星首发	总得分 2478 全明星 MVP 全明星首发 最佳阵容	总得分 2132 全明星首发	总得分 2250 奥运金牌 全明星 MVP 全明星首发 得分王 （30.0 分） 最佳阵容	总得分 2304 常规赛 MVP 全明星首发 最佳阵容 最佳防守阵容	总得分 2258 常规赛 MVP 全明星首发 最佳阵容 最佳防守阵容	总得分 2111 全明星首发 最佳阵容 最佳防守阵容

2011–2012	2012–2013	2013–2014	2014–2015	2015–2016	2016–2017	2017–2018	2018–2019	2019–2020
总得分 1683 总冠军 总决赛 MVP 常规赛 MVP 奥运金牌 全明星首发 最佳阵容 最佳防守阵容	总得分 2036 总冠军 总决赛 MVP 常规赛 MVP 全明星首发 最佳阵容 最佳防守阵容	总得分 2089 全明星首发 最佳阵容	总得分 1743 全明星首发 最佳阵容	总得分 1920 总冠军 总决赛 MVP 全明星首发 最佳阵容	总得分 1954 全明星首发 最佳阵容	总得分 2251 全明星 MVP 全明星首发 最佳阵容	总得分 1505 全明星首发	全明星首发

詹姆斯数据酷
LeBron James

61

单场最高得分

2014 年 3 月 4 日，热火主场以 124 比 107 大胜山猫，詹姆斯豪取 61 分，创下个人职业生涯得分新高。

7

单场最高抢断

2004 年 12 月 14 日，骑士客场以 92 比 86 力克灰熊，詹姆斯送出 7 次抢断，创下个人抢断新高。

19

单场最高篮板

2008 年 1 月 11 日，骑士主场以 113 比 106 战胜山猫，詹姆斯摘得 19 个篮板，创下个人篮板数新高。

5

单场最高盖帽

2004 年 2 月 24 日，骑士主场以 104 比 100 战胜黄蜂，詹姆斯全场送出 5 记盖帽，创下个人盖帽新高。

19

单场最高助攻

2018 年 2 月 9 日，骑士客场以 123 比 107 大胜老鹰，詹姆斯送出 19 次助攻，创下个人助攻新高。

30000
最年轻三万分先生

2018 年 1 月 24 日，骑士客场对阵马刺，33 岁零 24 天的詹姆斯超越科比（34 岁零 105 天），成为 NBA 历史上最年轻三万分先生。

3
超越科比

2020 年 1 月 26 日，湖人客场以 91 比 108 不敌 76 人，詹姆斯得到 29 分，总得分超越科比（33643），位列历史第三。

27
历史第二连胜

从 2013 年 2 月 4 日至 2013 年 3 月 26 日，詹姆斯率热火取得 27 连胜，排名历史第二，仅次于湖人的 33 连胜。

7
全明星赛票王

2020 年 1 月 24 日，詹姆斯以 6275459 票，第 7 次当选票王。其中有连续 4 年成为票王。

385
全明星“得分王”

截止到 2020 年，詹姆斯的全明星总得分为 385 分，位列 NBA 全明星历史第一，第二名为科比（283 分）。

21
季后赛首轮连胜

2017 年 4 月 24 日，骑士首轮以 106 比 102 战胜步行者，总比分以 4 比 0 横扫步行者，实现季后赛首轮 21 连胜。

30000+8000+8000
数据新里程

2018 年 2 月 28 日，骑士主场以 129 比 123 战胜篮网，詹姆斯成为 NBA 首位拿到 30000 分、8000 个篮板和 8000 次助攻的球员。

17
季后赛 30 分 +10 次助攻

2018 年 5 月 4 日，东部半决赛，骑士以 128 比 110 战胜猛龙，詹姆斯砍下 43 分、14 次助攻，创下季后赛第 17 次得分达到 30 分以上和助攻 10 次以上的纪录。

8
季后赛绝杀王

2018 年 5 月 6 日，东部半决赛骑士主场以 105 比 103 击败猛龙，詹姆斯命中绝杀，至此他季后赛完成 8 次绝杀，排名历史第一。

6911
季后赛总得分王

截止到 2020 年之前，詹姆斯的季后赛总得分为 6911 分，名列 NBA 历史榜单第一名。

419
季后赛抢断王

截止到 2020 年之前，詹姆斯的季后赛总抢断数为 419 次，名列历史第一，第二名为皮蓬（395 次）。

9
九进总决赛

2018 年 5 月 27 日，骑士战胜凯尔特人并闯入总决赛，这是詹姆斯第 9 次获得东部冠军。

51
总决赛单场最高分

2018 年 6 月 1 日，总决赛骑士客场以 114 比 124 惜败勇士，詹姆斯砍下 51 分，创造总决赛个人得分新高。

皇帝

詹姆斯在高中时期就表现惊艳，展现出超越年龄的卓越统治力，当时美国媒体叫他“KING”（国王）。

2003 年，詹姆斯以君临天下的气势驾临 NBA，作为“03 一代”的状元入主克利夫兰。年仅 18 岁、天选之子、NBA 未来的国王……这些元素交织在一起，中国球迷给詹姆斯起了一个霸气而又形象的绰号——“小皇帝”。

从此“小皇帝”的名号一直追随着詹姆斯，而随着年龄的增长以及问鼎总冠军，詹姆斯也真正成为联盟的第一人，绰号也改成“皇帝”。

除了“皇帝”之外，詹姆斯还有其他多种身份……

01

多棱镜

"皇帝"之外的十二个身份

LEBRON JAMES

1 天选之子

“CHOSEN1”的含义

“CHOSEN 1”是詹姆斯的第一个文身，其含义是“天选之子”，也就是老天最为眷顾的幸运儿。

詹姆斯拥有非凡绝伦的篮球天赋，作为一名高中生球员，他还有着超越年龄的沉稳、睿智、冷静、全能。几乎无所不能的他在高中联赛就曾场均砍下30.4分、9.7个篮板、4.9次助攻和2.9次抢断，率领圣玛丽高中三夺俄亥俄州冠军。他个人也连续三年荣获全美高中明星赛MVP，并入选全美第一阵容。

还未进入NBA的詹姆斯，就已名满天下，耐克心甘情愿地为这位高中生奉上一份7年9000万美元的超级合同。

詹姆斯展现出历史第一高中生的实力，“天选之子”实至名归。

詹姆斯表现出超越那个年龄的卓越统治力，也以君临天下的气势驾临NBA，作为“03一代”的状元入主克利夫兰。

2016 NBA
NBA CHAMPS
NBA

詹 姆 斯 的 十 二 个 身 份

2 克利夫兰之子

实现夺冠诺言的詹姆斯成为克城神话

1984 年 12 月 30 日，詹姆斯出生在美国俄亥俄州一个叫作阿克伦的小城。2003 年詹姆斯在首轮第一顺位被克利夫兰骑士选中，克利夫兰是俄亥俄州最大的城市。詹姆斯被家乡球队选中，并作为领袖率领骑士征战 NBA，自此成为整个克利夫兰的骄傲。

进入 NBA，詹姆斯迅速从一名“菜鸟”蹿升为超级巨星。2003 年至 2010 年这 7 年，他率领骑士阔步前进，这支联盟垫底的“鱼腩”部队也一跃成为东部豪强，并拿到除了总冠军之外的所有荣誉（常规赛联盟战绩第一、季后赛登顶东部冠军）。在速贷中心，詹姆斯集万千宠爱于一身，每当他抛洒镁粉时，都会引燃全场山呼海啸般的欢呼。

2010 年夏天，詹姆斯宣布加盟热火，暂别了家乡克利夫兰。

四年之后，2014 年夏天，詹姆斯从南海岸又回到克利夫兰，当时每一位克利夫兰人，都坚信看到了触手可及的曙光。

“为家乡克利夫兰带来一个总冠军。”詹姆斯许下诺言。

自 1964 年棕人队在 NFL 夺冠后，克利夫兰的球队便无缘在任何体育赛事中夺取冠军，整整 51 个年头（半个多世纪）的漫长等待。

2016 年 6 月，詹姆斯终于实现“为家乡夺冠”的诺言，率领骑士连扳三局，以总比分 4 比 3 击败勇士，夺得总冠军。

夺冠那一刻，詹姆斯潸然泪下，并喊出那句振聋发聩的“Cleveland！ This is for you！”留下了令人动容的经典一幕。

2016 年 6 月 23 日，克利夫兰举行盛大的骑士夺冠游行活动，街头涌现出数以百万计的球迷，只为一睹“城市图腾”詹姆斯的风采。

詹姆斯为了家乡克利夫兰付出了一切，所以当 2018 年，他再次告别家乡，远赴洛杉矶时，整个克利夫兰都为他祝福，并深深企盼游子早日回家……

詹 姆 斯 的 十 二 个 身 份

3 状元

2003 白金一代

NBA 一共出现过三个高中生状元：2001 年的夸梅·布朗、2003 年的勒布朗·詹姆斯、2004 年的德怀特·霍华德。

詹姆斯被誉为最伟大的高中生，这样的赞誉就连科比和麦迪也未曾获得。

2003 年选秀大会被公认为 21 世纪含金量最高的一届，有安东尼、韦德、波什等近 20 年来成材率最高的新秀天团，史称“白金一代”。即便人才济济，詹姆斯依然脱颖而出，被骑士首轮第一顺位选中，成为状元。

职业生涯第一战，骑士大战国王，詹姆斯得到 25 分、6 个篮板、9 次助攻、4 次抢断，击碎所有质疑。詹姆斯新秀赛季场均 20 分、5 个篮板、5 次助攻，成为继奥斯卡·罗伯特森和乔丹之后，第三位做到这一点的球员，并力压卡梅隆·安东尼，成为最佳新秀。

詹姆斯的十二个身份

4 模范丈夫

青梅竹马的神仙眷侣

萨瓦娜·布林森16岁就与詹姆斯相识，之后彼此相恋，那份青梅竹马的纯真爱情令人羡慕。

虽然开始时布林森并不认识詹姆斯这位高中篮坛的风云人物，但之后随着彼此愉快的交往而萌生了相伴一生的爱情。二人婚后育有两子一女，生活幸福甜美，恩爱情长。

虽然被公认为NBA“第一夫人”，但布林森并没有留恋镁光灯下的斑斓华彩，而是选择了相夫教子的家庭生活。正是因为家有贤妻，詹姆斯才能心无旁骛地在赛场上拼搏，斩获荣誉无数，达到事业的巅峰。

自幼经过艰苦岁月的洗礼，并在单亲家庭长大的詹姆斯非常珍惜家庭，与布林森恩爱有加，詹姆斯也成为NBA好丈夫的典范。

詹姆斯的十二个身份

5 好爸爸

爱护子女的慈父

詹姆斯不仅是一位好丈夫，还是一位好爸爸。曾经窘迫的童年，缺少父爱，从小与母亲格洛里亚过着相依为命的生活，这让詹姆斯深刻地明白父爱对于一个孩子成长的重要性。

2004年10月6日，詹姆斯的长子布朗尼降生，19岁的詹姆斯难掩初为人父的兴奋之情。

2007年7月14日，詹姆斯和布林森的二公子布莱斯出生。

2014年10月28日，詹姆斯在两个儿子之后终于如愿得到一个女儿，取名朱莉。

由于爱女诞生，“三旬老汉”彻底成为“女儿奴”。2020年，由于新冠疫情而停摆的日子里，詹姆斯在社交平台上分享了和女儿的互动视频，朱莉细心地为詹姆斯梳理着稀疏的头发，而“老詹”一副非常享受的表情。

詹姆斯对于儿子的成长也煞费苦心，布朗尼篮球天赋非常出色，为了让自己的长子将来能继承自己的衣钵，有更好的发展，詹姆斯在洛杉矶买房置业，这也间接促成他加盟湖人。

- 勒布朗·詹姆斯 / LeBron James
- 妻子：萨瓦娜·詹姆斯 / Savannah James
- 大儿子：布朗尼·詹姆斯 / Bronny James
- 二儿子：布莱斯·詹姆斯 / Bryce James
- 小女儿：朱莉·詹姆斯 / Zhuri James

萨瓦娜·布林森与勒布朗·詹姆斯结婚后，按照美国人的习俗，要随丈夫的姓，所以更名为萨瓦娜·詹姆斯。

6 终结者

决胜时刻的关键先生

在球迷的印象中，詹姆斯是全能的帅才，他指挥若定、运筹帷幄，很少和对位者陷入一对一。他总是执着于破坏对手的整个防御体系，把球打到对手最脆弱的地方。只有在万不得已时，他才会开启个人进攻模式：比如 2007 年的“天王山之战”，2008 年的生死局，2012 年东部决赛的第六场，以及 2018 年所有季后赛。

搴旗斩将，乃偏裨之任。当王者亲自下场搏斗时，必然是到了最危急的时刻。

在进入联盟的初期，詹姆斯在决胜时刻常常因为选择相信队友而传球，他也因此被人诟病，人们觉得詹姆斯在最后决定胜负的关头，应该像乔丹与科比那样，打得更“独”一些。

詹姆斯拥有不逊于乔丹、科比的得分能力，关键时刻得分如探囊取物，只是过于无私的他有些太相信队友，而当他决定要在生死时刻自己得分来取胜时，绝对是对手的噩梦。

2018 年詹姆斯的季后赛之旅，绝对是自己甚至 NBA 历史上最强个人逆袭的名场面。当詹姆斯率领弱旅骑士，接连绝杀步行者与猛龙之后，他在季后赛的绝杀数达到 8 次，名列 NBA 季后赛绝杀榜的历史第一。

他那种只手擎天、改天换命的终结能力，不由得令人肃然起敬！

23
ALL FOR ONE · ONE FOR ALL

詹姆斯的十二个身份

7 小老板

利物浦足球俱乐部

2011 年 4 月，詹姆斯和利物浦俱乐部达成协议，以 650 万美元购得利物浦 2% 的股份，因此詹姆斯成为利物浦的小老板，也成为 NBA 中唯一一位拥有足球俱乐部股权的现役球员。

对此，利物浦官方回应："我们非常兴奋看到他能成为利物浦大家庭的一员。"

也许是因为有了"皇帝"的加持，利物浦在 21 世纪 10 年代后半期强势崛起，几乎横扫欧洲足坛。他们在 2019 年夺得欧冠冠军，2019-2020 赛季利物浦又创纪录地提前 7 轮夺得英超联赛冠军。

利物浦"一路飘红"，作为股东之一的詹姆斯也赚得盆满钵满。在他入股的这 9 年间，在利物浦这边就赚到了 4178 万美元，这可谓一次精准的投资，每年都能收获丰厚的回报。

詹姆斯的十二个身份

8 狮子王

像狮子一样的男人

漂亮的外形、威武的身姿、王者般的力量和梦幻般的速度完美结合，赢得了"万兽之王"的美誉。狮子属群居性动物，是地球上最强大的猫科动物之一。与独来独往的老虎不同，狮子是一种协同作战的动物，其中有些负责驱赶猎物，其他则等着伏击。当群狮携手出击时，往往能爆发出更大的威力。

虽然个人能力极强，但詹姆斯深信篮球是 5 个人的运动，他不会让比赛由一个人完成。这也是相比其他巨星，他更能串联队友，形成团队作战的原因。

詹姆斯的胸前有个威武的狮子文身，并写有"Hold My Own（我的命运我做主）"。据说这是因为他从小最爱看《狮子王》，这个文身也代表了他对这部经典动画片的钟爱。

2003 年，乔丹最后一次退役，詹姆斯则顶着"天选之子"的名号驾临联盟，来接"乔帮主"的班。

"天选之子"詹姆斯也将狮子作为榜样，希望自己能像《狮子王》里的辛巴一样，勇敢坚强，虽然历经千难万险，但最终成为"森林之王"。

詹姆斯的十二个身份

9 封面先生

各大杂志的招牌人物

迄今为止，詹姆斯先后 27 次登上《体育画报》封面，超过科比的 21 次，仅少于乔丹的 50 次。

詹姆斯在《体育画报》的封面史，就是他在篮球领域的成长史。2002 年，当时还只是高中生的詹姆斯就登上了《体育画报》的封面，当时给出的封面标题是“THE CHOSEN ONE”。

除了无数次登上《体育画报》《SLAM》《ESPN》等体育杂志的封面，詹姆斯还是众多时尚类杂志封面的宠儿。

早在 2009 年 2 月，詹姆斯就成为《GQ》杂志的封面人物，成为登上这家（拥有 116 年悠久历史的）时尚杂志封面的首位黑人篮球明星。而诸如《财富》《时尚 Vogue》以及《时代周刊》等知名杂志，詹姆斯也曾有过封面亮相。

詹 姆 斯 的 十 二 个 身 份

10 商业帝王

开辟自己的商业帝国

詹姆斯是继乔丹之后最具影响力的篮球巨星，也是全球最炙手可热的体育偶像之一，巨大的影响力催生巨大的商机……Nike 将总部命名为“勒布朗·詹姆斯大楼”，由此可见对这位头牌代言人的器重，并与之签订一份超过 10 亿美元的终身合同。

迄今为止，詹姆斯的薪水总收入为 4.2 亿美元，而场外代言收入高达 17.5 亿，是其薪水的 4 倍。詹姆斯与数十家公司签有代言合同，除了耐克，还有麦当劳、微软、三星以及 Beats 耳机等。

2019 年詹姆斯总收入为 8900 万美元，在全球运动员富豪榜中高居第八位，名列现役 NBA 球员收入榜榜首。虽然仅凭个人实力就日进斗金，但詹姆斯的商业帝国版图远不止于此，他依然在不断地开疆拓土。

除了代言，詹姆斯还有部分收益来自投资，他具有独到的眼光，是名副其实的商业精英。詹姆斯先后投资了 Blaze Pizza、Beats 等品牌，还创办了娱乐公司 SpringHill、数字媒体公司 Uninterrupted、经纪公司 LRMR 等企业。不仅如此，詹姆斯还是英超俱乐部利物浦的股东。

纵横捭阖、慧眼独具，詹姆斯不仅是篮球赛场上的“皇帝”，还要做商业领域的“帝王”。

11 未来战士

来自未来的完美球员模板

詹姆斯拥有控球后卫的速度与技巧，大前锋的力量与脚步，同时还具有极高的篮球智商力。

他有着超级强悍的身体素质，集力量、速度、技术、爆发力和柔韧性于一身。在比赛中詹姆斯可以将力量、速度与技巧运用到极致，在攻防对阵时秒杀对手。

放眼当今联盟，但凡能跟上他速度者没有他强壮，而强壮内线的防守在他面前就像慢动作播放。詹姆斯似乎不属于现在，更像是来自未来的一名钢铁战士……

詹姆斯的薪水合同一览

1. 2003年7月3日，詹姆斯和骑士签下状元秀合同，4年金额为1879万。

2. 2006年7月12日，詹姆斯和骑士续约4年6000万美元的合同。

3. 2010年7月10日，詹姆斯和热火签订6年1.1亿美元的合同。

4. 2014年7月13日，詹姆斯回到骑士，签下2年4210万美元的“1+1”合同。

5. 2015年8月10日，詹姆斯重新和骑士签下2年4697万美元的合同。

6. 2016年8月11日，詹姆斯和骑士签下3年1亿美元的续约合同。

7. 2018年7月10日，詹姆斯和湖人签下4年1.53亿美元的合同。

是他超越年龄的篮球世界观。在他眼里，篮球场一直都是一个整体，瞬息万变，但其中自有规则。而他已经掌握了这种法则，成为篮球史上最恐怖的“篮球机器”。

除了超强的个人战力之外，詹姆斯还取得现役球员无法企及的数据与荣誉。

他的总得分超越乔丹、科比，名列历史总得分的第三名，而且这个名次还有待改写。詹姆斯作为总得分超 30000、篮板与助攻分别超 8000 的唯一一位球员，在他退役时，有望创造（得分 40000+、篮板 10000+、助攻 10000）神奇纪录。

在荣耀方面，詹姆斯画出了一长串闪亮的轨迹：三届总冠军、三届总决赛 MVP、四届常规赛 MVP、十六届全明星。随着科比的离去、韦德的退役，在荣誉项的比较中，现役球员中没有可与詹姆斯相比的球员。

综上所述，詹姆斯就是联盟现役球员中不折不扣的“第一人”。

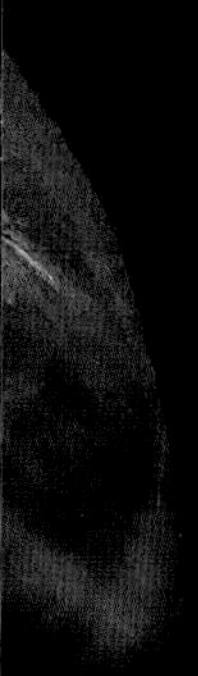

詹姆斯职业生涯薪金表

赛季	效力球队	薪金
2003–2004	骑士	402 万美元
2004–2005	骑士	432 万美元
2005–2006	骑士	462 万美元
2006–2007	骑士	583 万美元
2007–2008	骑士	1304 万美元
2008–2009	骑士	1441 万美元
2009–2010	骑士	1578 万美元
2010–2011	热火	1450 万美元
2011–2012	热火	1602 万美元
2012–2013	热火	1755 万美元
2013–2014	热火	1907 万美元
2014–2015	骑士	2064 万美元
2015–2016	骑士	2297 万美元
2016–2017	骑士	3096 万美元
2017–2018	骑士	3329 万美元
2018–2019	湖人	3565 万美元
2019–2020	湖人	3744 万美元
2020–2021	湖人	3922 万美元
2021–2022	湖人	4100 万美元

23
bumble
Los Angeles
2
LAKERS

02

敌友论

詹姆斯的对手与亲友篇

LEBRON JAMES

詹姆斯对手篇

LeBron James PK Kevin Durant

詹姆斯PK杜兰特 现役第一人之争

在众多挑战“皇权”者中，最接近詹姆斯的是杜兰特。这位历史级别的得分“大杀器”，纵然在总决赛舞台上，与詹姆斯战成2比1，但还是略逊一筹，因为“KD”还没有在詹姆斯面前证明自己单核带队的能力。

35 截至2018–2019赛季，詹姆斯与杜兰特一共率队交手35场，其中他们常规赛交手21场，詹姆斯胜15场，杜兰特胜6场；季后赛他们交手14场，詹姆斯胜5场，杜兰特胜9场。

詹姆斯		杜兰特
20	胜场次数	15
29.6	场均得分	29.8
8.5	场均篮板	7.3
7.5	场均助攻	4.3

作为四届得分王，杜兰特犀利无比，得分如探囊取物。他曾开启“六月死神”模式，半场剁下38分，得分能力已臻化境。

詹姆斯在得分能力上并不输于前者，常规赛总得分现役第一，历史第三；季后赛得分现役与历史双料第一。而对比“KD”，詹姆斯重剑无锋，运筹帷幄掌控全场能力更胜一筹。

仅就现役球员而言，詹姆斯有着无人企及的荣誉，早已是无人可及的当世头牌，唯一可望其项背者，只有杜兰特。

詹姆斯和杜兰特，这个星球上两位最好的篮球手、历史上最伟大的小前锋，截至2020年，已在总决赛交锋三次。前者赢下了两人的第一次交锋，而后者在“水花兄弟”的加持下赢下后两次。

自詹姆斯接管联盟、杜兰特异军突起的2010年至今，两人的隔空较量就再没停止过，“皇帝”稳坐头把交椅，“死神”紧随其后，但双方的差距并未随着时间的流逝而缩小。

如今，詹姆斯第一人之位稳固如初，杜兰特“千年老二”的名头略显尴尬。2020年NBA因疫情停摆期间，美国媒体推出一档近10年来“MVP陪跑者”的专题，即排名第二的球员，杜兰特三次上榜。

即便如此，纵观全联盟，杜兰特仍然是在个人及集体荣誉上，仅有的可叫板“皇帝”现役第一人宝座的巨星，何况他还要年轻4岁，具备理论上反超的可能。

没错，是理论上。自2019年西部决赛遭遇跟腱断裂重伤之后，杜兰特的职业生涯便打上了一个鲜红的问号，无限期缺战的同时，他还未能躲过这场蔓延全球的新冠疫情，不幸确诊感染。

摧毁了包括科比、刘翔等体坛巨匠的跟腱断裂以及仍在全球持续肆虐的新冠病毒，在31岁的杜兰特身上会带来怎样的后续影响，目前无人知晓，只能交给时间和命运来印证。

GOLDEN
35
G

LeBron James PK Kawhi Leonard

詹姆斯PK伦纳德
洛城王者之争

洛杉矶之王的宝座，从来有且只有一个，湖人稳稳地把持着，从未旁落。

作为“天使之城”的篮球圣殿，斯台普斯自古是紫金色。然而 2019 年夏天，新科总决赛 MVP 加盟快船，让事情开始有了微妙的变化。

24 截至 2020 年 3 月，詹姆斯与伦纳德一共率队交手 24 场，其中常规赛交手 12 场，詹姆斯胜 4 场，伦纳德胜 8 场；季后赛交手 12 场，詹姆斯胜 5 场，伦纳德胜 7 场。

詹姆斯		伦纳德
9	胜场次数	15
25.5	场均得分	19.9
8.1	场均篮板	8.2
6.5	场均助攻	2.5

伦纳德加盟快船，让“洛城之王”的争夺有了变数，此外快船还得到乔治，当今联盟前五小前锋，他们已得其二，似乎已拥有了掀翻湖人的底牌。

2013 年，伦纳德第一次随马刺杀进总决赛，面对如日中天的詹姆斯，他场均贡献 14.2 分、11.1 个篮板。而詹姆斯则场均 23.3 分、10.7 个篮板、7.5 次助攻，率热火逆转马刺，成功卫冕。

2013 年两队再次会师总决赛，伦纳德场均 17.8 分，命中率高达 61.2%。詹姆斯场均 28.2 分同样不俗。但这一次笑到最后的是伦纳德和他的马刺，23 岁的伦纳德成为史上第三年轻的总决赛 MVP。

2014 年总决赛的五场大战，伦纳德祭出“死亡缠绕”式防守大法，迫使詹姆斯出现多次失误。虽然两人直接对话，詹姆斯在数据上全面占优，但他自己也承认在对位伦纳德时，必须保持更高的专注度。

2014 年总决赛的场面历历在目，彼时那位木讷少年让巅峰“詹皇”感受到了一丝丝威胁。如今曾经的那位少年率领猛龙在总决赛一举击溃“勇士王朝”，俨然是“联盟新王”般的存在。更为关键的是他居然来到洛杉矶加盟快船，这不得不令詹姆斯必须作出回应。

詹姆斯仍是联盟第一人，绝不会拱手让出“洛城之王”的宝座。

被疫情中断的 2019-2020 赛季，湖人与快船在常规赛交锋三次，伦纳德率队带走前两场胜利，而詹姆斯则率队拿走第三场胜利。

快船兵强马壮，一副冠军的牌面，湖人虽有“詹眉组合”，但阵容深度尚存隐患。詹姆斯已感受到了来自同城劲敌的挑战，但为了捍卫紫金荣耀，他别无退路，必须直面伦纳德的冲击，并用“皇帝”的方式，将“洛城之王”的宝座稳稳地压在紫金衫下。

虽然快船老板鲍尔默豪掷 4 亿美元，买下坐落于英格尔伍德区的大西部论坛球馆，球队有计划搬出斯台普斯，但只要还在洛杉矶，那么湖人与快船的“洛城之王”的争斗就不会结束……

wish
LAKERS
23

CLIPPERS
2

詹姆斯对手篇

詹姆斯PK阿德托昆博

LeBron James PK Giannis Antetokounmpo

20 截至2020年3月，詹姆斯与阿德托昆博一共率队交手20场，全部为常规赛，詹姆斯胜15场，阿德托昆博胜5场。

詹姆斯		阿德托昆博
15	胜场次数	5
27.8	场均得分	22.9
7.5	场均篮板	8.8
7.1	场均助攻	4.6

2013年，詹姆斯加冕个人生涯第四座常规赛MVP奖杯，超越“大鸟”伯德和“魔术师”约翰逊，紧追乔丹、拉塞尔和贾巴尔。如今，七年时间过去了，詹姆斯再也没能拿到个人的第五座“小金人”。杜兰特、库里、威少、哈登抢班夺权，而现在这项荣誉的热门人选则被一位希腊怪人——阿德托昆博霸占，江湖人称“字母哥”，2018-2019赛季常规赛MVP获得者暨本赛季卫冕呼声最高的球员。

毫无疑问，2020年是詹姆斯重夺常规赛MVP的最佳时机，他所率领的湖人高居西部榜首（49胜14负），而他本人也以35岁的高龄场均轰下25.7分、7.9个篮板、10.6次助攻，其中助攻领跑全联盟。无论是从团队战绩还是个人数据上衡量，詹姆斯都无愧MVP的荣誉。只可惜，这些成绩在“字母哥”面前略微逊色。在NBA停摆之前，雄鹿以53胜12负的成绩排名联盟第一，“字母哥”场均29.6分、13.7个篮板、5.8次助攻、1.05次抢断、1.02次盖帽，投篮命中率高达54.7%。他将团队成绩和个人数据都保持在MVP的水准。

《露天看台体育》记者莫里·加斯在三月份的专栏文章中表达了自己的观点：“如果本赛季就此结束，‘字母哥’将是最有价值球员，因为他在攻防两端的表现都比詹姆斯更好。”而在*ESPN*做的一份完全仿照NBA正式MVP投票的模拟票选中，“字母哥”以670分力压詹姆斯（514分），成为模拟票选下的MVP得主。

“字母哥”获MVP，众望所归？一切还为时尚早，但一个不争的事实是，26岁的希腊人正处在生涯的黄金年代，他的确比35岁的老“皇帝”更年富力强，充满了无限可能。

LAKERS
23
34
CHAMPIONS
2013-14
CHAMPIONS
2011-12
LAKERS
1
TOSHIBA
BUD LIGHT
STAPLES
WATCH

LeBron James PK Luke Doncic

詹姆斯PK东契奇

新老王者之争

21 岁的东契奇摘下“三双”如探囊取物，关键得分如闲庭信步，堪称独行侠的大脑与灵魂。他所展现的全能而又沉稳的王者之气，与当年的詹姆斯颇为相似。

虽然与初入联盟的詹姆斯那种飞天遁地的劲爆不同，东契奇这种“地板流”却有着自己的大将之风，他与詹姆斯都有着俯瞰全局的锐利目光，以及算无遗策的篮球智商。

6 截至 2020 年 3 月，詹姆斯与东契奇共率队交手 6 场，全部为常规赛，詹姆斯胜 5 场，东契奇胜 1 场。

詹姆斯		东契奇
5	胜场次数	1
28.2	场均得分	20.3
8.8	场均篮板	7.8
9.0	场均助攻	8.5

同样是 21 岁的年纪，同样是进入联盟的第二个赛季，A 球员：27.2 分、7.4 个篮板、7.2 次助攻；B 球员：28.7 分、9.3 个篮板、8.7 次助攻。从数据上看，B 球员似乎更像是 A 球员的升级版，但如果我们再结合两份数据的发生的年代——2005 年和 2020 年，就可以将因为时代不同所产生的数据误差而抹掉，从而得出一个大致的结论：这是一个同类型球员的镜面。

詹姆斯和东契奇，正是上文的 A 与 B。“从他的体型、持球能力和组织能力来看，我感觉他很像詹姆斯，个头很高，视野很棒，能传出各种各样的球。”塞斯·库里给出了东契奇队友视角的点评，“虽然东契奇没有詹姆斯那样的运动天赋，但他投射更好，所以我觉得他们的比赛方式很像。”而湖人球员达德利则给出了詹姆斯队友视角的观点：“东契奇会让一些明星球员愿意和他一起打球，他身上有着詹姆斯的特质，是最无私的超级球员之一。”

显而易见，东契奇几乎就是一个欧洲版的詹姆斯，而抛开那些个人进攻上的细微差别，两人在阅读比赛及串联全队的方面都具有卓越的才能，他们在某些创造性的思维上有着惊人的一致性。

这一切的神似都源自东契奇本人从小便视詹姆斯为偶像，“我小时候看了他的很多比赛，我今日仍然仰慕他，在小时候，他就是我的偶像，他现在仍然是我的偶像。”詹姆斯的技术风格和比赛模式，深深地影响了东契奇的篮球之路，虽然他从小耳濡目染于欧式篮球的套路，但他掌控比赛的方式却是十足的“詹姆斯范儿”。

如今，东契奇正在追平甚至刷新同龄詹姆斯的一系列纪录，而且其中有一项足以让前辈五体投地。21 岁之前，东契奇三双次数达到 21 次，这项数据是“魔术师”约翰逊、詹姆斯、奥多姆、保罗、鲍尔和沃克在 21 岁前的“三双”次数总和。

LAKERS
14
LAKERS
23

MAVS
LAKERS
9
JAMES
23

詹姆斯PK欧文

12 截至2020年3月，詹姆斯与欧文一共率队交手12场，全部为常规赛，詹姆斯胜10场，欧文胜2场。

对手

詹姆斯	欧文
胜场次数	
10	2
场均得分	
25.7	18.9
场均篮板	
8.3	4.3
场均助攻	
8.3	5.1

搭档

詹姆斯	欧文
胜场次数	
136	
场均得分	
25.7	22.2
场均篮板	
7.3	3.1
场均助攻	
7.6	5.2

爱恨随风

LeBron James PK Kyrie Irving

一个是唯我独尊的“帝王”，一个是野心勃勃的“皇储”，前者声名显赫、威望盖天，后者天赋绝伦、前途无量，他们是天作之合，还是一山二虎？詹姆斯与欧文，给出了这类情况的完美模板，而结局似乎也如你所料——分道扬镳。

2016年的总决赛荡气回肠的七场大战恍如昨日，詹姆斯钉板怒帽伊戈达拉，欧文单挑库里，射中那记扭转乾坤的后撤步三分球，这一幕差不多是那年总决赛的最佳写照。毫无疑问，欧文曾经是詹姆斯身边最得力的助手，也可以说是进攻端最具创造性的助手，他不同于韦德的疾风暴走、刚猛迅捷的劲辣，欧文是仙风道骨、超凡脱俗的隽永。而与韦德更为不同的，是欧文的野心，前者是打着“兄弟篮球”旗号纵横江湖的同道中人，而后者则是渴望出头之日的后起之秀。

欧文与詹姆斯，注定是有缘无分的匆匆路人。2017年夏天，当詹姆斯再也留不住嚷嚷着要走的欧文时，他应该不会想到仅仅不到三年的时间，小弟就现出了原形。回想旧时光，满是美好与感动，但着眼当下与未来，两人的心境恐怕是天壤之别。詹姆斯依然是呼风唤雨的一代君王，欧文则辗转两地后仍旧浑浑噩噩。

终于，欧文拨通了詹姆斯的电话，并送上了道歉，承认自己当年倔强出走时的无知与冲动，而詹姆斯则一如既往地大度，对于欧文的道歉，他的回应是“感激”。往事清零，爱恨随风，詹姆斯纵横一生，树敌无数，但同时也让更多的人乐于与之为伍。詹姆斯从不是一个斤斤计较的人，他的胸襟，宽广如海。

23
BOSTON
11

wish
LAKERS
23
11

leBron James PK Kobe Bryant

詹姆斯PK科比
湖人传承

科比与詹姆斯，亦敌、亦友、亦师。从 NBA 针锋相对的对手，到国家队并肩作战的队友，再到湖人薪火相传的领袖。詹姆斯逐渐熟悉并欣赏科比的人格魅力，他们都是王者级别的人物，所以更多的是惺惺相惜。

22 截至 2015–2016 赛季，詹姆斯与科比一共率队交手 22 场，全部为常规赛，詹姆斯胜 16 场，科比胜 6 场。

	詹姆斯	科比
胜场次数	16	6
场均得分	28.2	24.6
场均篮板	7.4	5.0
场均助攻	7.3	5.2

在 NBA 总决赛中“23”对决“24”，曾是一代球迷最为之向往的巅峰对决，只可惜穷尽 24 号球员一生，这份夙愿都未能得偿。

十年前，科比·布莱恩特就站在那里，等待那个叫詹姆斯的年轻人跨越波士顿，与自己巅峰一会，然而詹姆斯双拳难敌四手，饮恨止步。此后，“紫金飞侠”日薄西山，走下神坛，詹姆斯独孤求败，再难与君华山论剑。

科比与詹姆斯，那些惺惺相惜的往事都仿佛发生在昨日，他们曾经是亦敌亦友的山河故人，但如今同在一面紫金旗帜下，留给他们的只有道不尽的未了情愫。前一任湖人当家对阵现任湖人领袖，没有人想到，詹姆斯有朝一日会成为科比的“紫金接班人”。2018 年，当 33 岁的詹姆斯披上湖人 6 号球衣，这份迟来的传承，变成了现实。

遗憾的是，詹姆斯再也无法等到科比目睹自己带领湖人重返巅峰的荣耀时刻了，那场令全联盟为之心碎的直升机事故，带走了科比和他 13 岁的女儿吉安娜，也带走了湖人一个伟大的时代。

悲痛，不可撤销，但信仰，仍驱使着湖人继续前行。正如詹姆斯含泪所说的那样：“我向你（科比）保证，我会继承你的遗志，你对所有人意义非凡，尤其是‘湖人国度’，我将把你的那一份责任扛在肩上，并且继续走下去。”

“Kobe，this is for you！”期待那一天的到来。

科比罹难之后，詹姆斯发自肺腑地说出：“MAMBA OUT，但曼巴永生。”并决心率领湖人去全力夺冠，而这一冠献给科比。

詹姆斯亲友篇

LeBron James VS Anthony Davis

詹姆斯VS戴维斯
詹眉组合

在 2020 年 3 月，NBA 因为疫情停摆之前，詹姆斯与戴维斯联手率领湖人打出 49 胜 14 负的佳绩，高居西部榜首，他们二人一内一外，珠联璧合，从而带动全队，打出高水准的比赛。

55 截至 2020 年 3 月，詹姆斯与戴维斯共同率队 55 场，胜 43 场。期间，詹姆斯场均砍下 25.7 分、7.9 个篮板、10.6 次助攻，戴维斯场均砍下 26.7 分、9.4 个篮板、3.1 次助攻，两人合砍 52.4 分、17.3 个篮板、13.7 次助攻。

詹姆斯	项目	戴维斯
43	胜场次数	43
25.7	场均得分	26.7
7.9	场均篮板	9.4
10.6	场均助攻	3.1

詹姆斯依然保持 MVP 级别的水准，而拥有 2.27 米臂展的戴维斯在攻防两端展现出强大的统治力。

从韦德和波什，到欧文与乐福，詹姆斯登临巅峰的那些荣耀时刻，身边总会有两位顶级球员的辅佐相助。而目前，站在他身边的超级巨星，只有戴维斯。惨遭新冠疫情腰斩的 2019–2020 赛季，是“皇帝”与“浓眉”合作的首个赛季，他们没有如外界传言的那般“尚需时间磨合”，从搭档的首场比赛开始，就展现出了惊人的默契与良好的化学反应。

戴维斯场均 26.7 分、9.4 个篮板、3.1 次助攻、2.44 次盖帽和 1.49 次抢断，在詹姆斯的帮助下，他正经历人生最美妙的时光。值得一提的是，在合作之前，NBA 官网公布的两人职业生涯 PER 值（球员效率值）相加达到了 55，这是历史上所有双人组合的最高值，没有之一。事实证明，詹姆斯和戴维斯的合体，确如数据呈现的那样，是恐怖级别的组合。

而对于和“浓眉”的合作，詹姆斯则表示：“虽然我早已料到这会很精彩，但结果好得有些出乎我所料。说实话，这就是我当初想要他来这里的原因。当你有机会得到他这般天赋异禀的球员时，你就会竭尽所能地尝试得到他。”2020 年 5 月 2 日，美国知名预测机构《The Latest NBA》列出了 2020–2021 赛季最有可能夺冠的四支球队名单，湖人毫无悬念地位列第一，专家们给出的理由是：詹姆斯和戴维斯组合是湖人的王牌，其实力是有目共睹的。尽管新冠疫情肆虐，让 NBA 重启变得异常艰辛，但相信赛季开启后，“詹眉组合”率领下的湖人，会以令人耳目一新的面貌展现在世人面前。

wish
LAKERS
23
wish
LAKERS
3

詹姆斯VS韦德VS安东尼VS保罗

风尘四侠

James Wade Anthony Paul

“风尘四侠”——从某种维度来说，他们是一体的。而他们结缘，是以詹姆斯为纽带的。保罗是詹姆斯的“发小”，安东尼与詹姆斯在高中就被称为“绝代双骄”，韦德与詹姆斯携手的故事大家更是耳熟能详。在 NBA 这样的商业联盟，他们这份纯真的兄弟情谊尤为难得。

“03 白金一代”入行时，恰好赶上“96 黄金一代”的巅峰期，那群“老家伙”一个个老当益壮。詹姆斯、韦德在东部和加内特、雷·阿伦等连年苦战；安东尼和保罗在西部被科比、邓肯频频镇压。

正所谓同仇敌忾，老一辈的强大，无形中促使小字辈报团取暖，于是“迈阿密三巨头”诞生了。保罗和安东尼虽然不在“三巨头”中，但当时新生代们的私下聚会他们也是参加了的。所以，2010 年夏天之后，保罗和安东尼都和主队发生了近乎不可调和的矛盾，很快离队出走。安东尼在纽约一度意气风发，保罗当时若是能去湖人，同样会让人遐想联翩。

同时代的年轻人，波什名列“03四大天王”之一，也曾是“三巨头”成员，按理说比保罗更接近那哥仨。但波什是个性格安静温和的学霸，和他们玩不到一块。“风尘四侠”就如同他们的绰号，全都是少年老成、心思沉敏的社会人。

他们开创了球员左右资本的时代：詹姆斯的三次决定，每一次都是瞬间改变江湖格局的神级操作。如今，虽然韦德和安东尼到了“晚年”，但保罗——1.83 米的后卫，34 岁依然拿着 4000 万的高薪，并将一直到 38 岁；至于詹姆斯，15 年来一直都在舞台最中央，在 34 岁的年龄上“联姻”湖人之后，地位只会更高不会更低。

这才是他们引人注目的最大秘诀：一个小团体要形成一种现象，其中的成员要有足够的实力和影响力。

他们是各自位置的佼佼者，同样优秀，同样追求卓越，有相似的人生目标。他们成为挚友、兄弟，惺惺相惜，结伴而行，都是彼此峥嵘岁月的参与者与见证者。

詹姆斯亲友篇

LeBron James VS Bronny James

詹姆斯VS布朗尼

子承父业

英俊帅气的布朗尼是NBA中最有名的“星二代”，顶着“皇帝之子”的巨大光环，他的篮球之路却并非一番风顺。在*ESPN*模拟的2023届选秀球员榜上，布朗尼只排在第24位。场均仅得4.1分的平庸数据以及1.88米的身高，成为16岁布朗尼的软肋，对比同龄的父亲（16岁身高就1.98米的詹姆斯，那时已成为名满天下的“天才少年”），布朗尼还有很长一段路要走。

常言道：“虎父无犬子。”但在NBA，这几乎是一个悖论，因为父子同是超级巨星的例子几乎没有，在此就不必罗列巴里家族、沃顿家族、乔丹家族、科比家族、库里家族那些家喻户晓的例子了。所以詹姆斯家族，会改写这一尴尬的历史，让“青出于蓝而胜于蓝”这句东方古训，在NBA应验一回吗？

布朗尼，一个从出生开始就被镁光灯包围的宠儿，没办法，只因他是詹姆斯的长子。与乔丹的大公子杰弗里·乔丹一样，布朗尼从小便承受着巨大的压力、曝光度，而当他逐渐长大，围绕着他展开的分析与报道也见诸媒体，所有人都渴望看到詹姆斯下一代传人的真实水准。

遗憾的是，35岁的詹姆斯就坐在那里，深情的目光望过去，满眼都不是自己16岁时的影子。布朗尼并没有展现出父亲同龄时期那现象级的统治力，他更像是一个平庸的邻家男孩，尽管在初中时代所向披靡，但升入高中之后，布朗尼却再没有惊艳的表现。

整个高一赛季，布朗尼参加了全部34场比赛，但场均只获得15分钟的出场时间，得分为尴尬的4.1分，他在队内的角色仅仅是第六或者第七人，纯替补轮换。

平心而论，对于一位志在子承父业的“星二代”来说，这样的表现很难与“接班詹姆斯”“延续家族荣光”等字眼相结合，布朗尼平淡的高一赛季，几乎就为他未来的职业生涯定了调子，一如乔丹的两位公子。当然，篮球世界最迷人的地方在于无限的可能性，“奇迹在此发生”的Slogan（口号）道出了NBA这片土地之所以令无数人趋之若鹜的关键所在。

因为布朗尼是詹姆斯的儿子，我们愿意相信他会创造新的奇迹。但愿五年之后，我们能在NBA赛场上，见证篮球版的“将门虎子”。

加油，布朗尼。

SIERRA
0
CANYON

NIKE

PBGJ

LAKERS.
LAKERS
wish
LAKERS
23
TOSHIBA
Spectrum
StubHub
4

03

名场面

詹姆斯三十五大经典战

LEBRON
JAMES

Kings
13
Carl's Jr.

詹姆斯三十五大经典战

1 发轫之战

“小皇帝”首战全面发威

骑士在 2002-2003 赛季打出 17 胜 65 负的联盟最差战绩，但“天眷克城”，他们用 22.5% 的概率抽到状元签，将“天选之子”、圣文森特·圣玛丽高中的詹姆斯招至麾下。这位年仅 18 岁却早已名满天下的“小皇帝”，恰巧也来自克利夫兰附近的阿克伦。

2003 年 10 月 30 日，骑士奔赴萨克拉门托客场挑战国王。作为“白金一代”的状元、克利夫兰的骄傲、历史最强的高中生球员，詹姆斯第一次在 NBA 的比赛中闪亮登场。在万众瞩目中，“小皇帝”20 投 12 中，砍下 25 分，并送出 6 个篮板、9 次助攻、4 次抢断，可谓超级全能，“篮球之神”乔丹的 NBA 首秀也只有 16 分。

虽然最终骑士以 92 比 106 憾负对手，但作为新秀的詹姆斯还是赢得全世界的赞赏。第一场比赛就打出巨星数据，“小皇帝”的首秀堪称完美，未来不可限量。

詹姆斯三十五大经典战

2 双峰对峙

与皮尔斯的巅峰对决

2006 年 2 月 16 日，骑士对阵凯尔特人，那时的詹姆斯和皮尔斯还都是单核带队，两位上演了酣畅淋漓的东部最强小前锋之争。

这是一场载入史册的对飙大战，历经两个加时赛。在第二个加时赛最后一分钟，詹姆斯造皮尔斯六犯离场，并包揽锁定胜局的 3 分。最终骑士历经两个加时赛以 113 比 109 击败凯尔特人。

“真理”皮尔斯 36 投 17 中，拿下职业生涯最高的 50 分，并送出 7 个篮板、8 次助攻。

“小皇帝”詹姆斯也奉献了 43 分、12 个篮板、11 次助攻和 4 次盖帽的豪华大“三双”数据。

作为“进攻万花筒”与“地板技术流”的代表，皮尔斯堪称詹姆斯的劲敌，更是之后多年横亘在詹姆斯登顶之路上的“劲敌”。“凯尔特人三巨头”围困“小皇帝”的戏码在此后不断上演……

二人此战杀得天昏地暗、日月无光，让人不禁想起 1988 年“大鸟”伯德（34 分）与“人类电影精华”威尔金斯（47 分）的东部半决赛巅峰对决。

3 皇侠交锋
小皇帝对决闪电侠

2006 年 4 月 2 日，骑士对阵热火。詹姆斯与韦德都正值职业生涯巅峰，韦德在这一年总决赛横空炸裂，率领热火逆转小牛勇夺总冠军与总决赛 MVP，而詹姆斯在全明星赛上率东部队逆转西部队，荣膺全明星 MVP，彰显领袖特质。他们的对决势均力敌，联袂上演“03 白金一代”的德比之战，这是一场震撼人心的 MVP 级别的对飙抗衡。

詹姆斯全场 25 投 16 中，砍下 47 分、12 个篮板和 10 次助攻。韦德全场 36 投 18 中，得到 44 分，另外还有 8 个篮板和 9 次助攻。韦德在第四节得到 21 分，詹姆斯得到 18 分。骑士以 106 比 99 战胜热火。这是一场没有失败者的比赛，当巅峰时代的“小皇帝”与“闪电侠”作为对手同场竞技时，总能打出赏心悦目的旷世对决。

詹 姆 斯 三 十 五 大 经 典 战

4 斩将克奇
击溃奇才的第六战

2006 年 5 月 6 日，季后赛首轮第六战，骑士客场挑战奇才，此前骑士以总比分 3 比 2 领先，只需再获得一场的胜利就可以晋级季后赛第二轮。

“赢 or 回家”，背靠悬崖的奇才展现出顽强的战斗力，而詹姆斯在整个系列赛中已经完成两次绝杀，他对于此战势在必得。

奇才的“大将军”阿里纳斯挺身而出，得到 36 分、5 个篮板、11 次助攻，并在常规时间终场前用一记三分将双方送入加时赛。

进入加时赛后，“大将军”与“小皇帝”继续呈现对飙之势，关键时刻，拉里·休斯助攻达蒙·琼斯投篮命中，完成空位绝杀，骑士以 114 比 113 险胜奇才，以总比分 4 比 2 晋级半决赛。

此战詹姆斯全场砍下 32 分、7 个篮板、7 次助攻，并在最后时刻对阿里纳斯耳语几句，堪称“杀人诛心”，致使后者第二罚球不中，丢掉胜局。

当时奇才以 113 比 112 领先一分，阿里纳斯获得两次罚球，对于罚球命中率超过八成的“大将军”而言，这是锁定胜局的绝佳机会。

然而阿里纳斯第一罚居然没进，当他屏气凝神准备第二罚时，詹姆斯走近他的身边耳语了几句话，随后鬼使神差，阿里纳斯的第二罚也没进。随后骑士抓住天赐良机，绝杀奇才。

关于那段耳语，阿里纳斯事后回忆道：“詹姆斯说的是，‘如果你错过这次罚球，那么你就会知道谁会投中致胜球。’”

5 击溃活塞
单骑攻陷奥本山宫殿

2007年6月2日，东部决赛第五场，骑士奔赴奥本山宫殿挑战活塞。此前两队战成2比2平，此役为决定胜负走势的“天王山之战”。

活塞以其强悍的球风威震联盟，2006-2007赛季场均仅失91.8分，拥有东部最坚固防线。他们曾在三年前击败“F4组合”领衔的湖人，夺得总冠军，也曾在1比3落后的绝境中逆转麦迪领衔的魔术。

“活塞五虎”（比卢普斯、汉密尔顿、普林斯、拉希德·华莱士、本·华莱士）被视为联盟最高水准的防守阵容。

面对“活塞五虎”的疯狂围剿，詹姆斯打出生涯至此为止的最强一战。他火力全开，包揽常规时间的最后7分，将比赛拖入加时赛。首个加时赛，双方战至100平，比赛进入第二个加时赛。

第二个加时赛，詹姆斯突破上篮成功，完成2.2秒绝杀。最终，骑士凭借此球，经过双加时鏖战，以109比107赢得“天王山之战”的胜利。

詹姆斯在两个加时赛中几乎百发百中，只有一次投篮不中。他全场33投18中，拿下个人季后赛最高分48分，送出9个篮板、7次助攻，包揽了骑士全队最后30分里的29分，并连得25分。

活塞面对“小皇帝”束手无策，备受打击。骑士一鼓作气赢下第六场，进入总决赛。

“这场失利让我们有种前所未有的挫败感。詹姆斯打出了一场不可思议的比赛。”活塞主将比卢普斯沮丧地说。从某个层面上说，詹姆斯的超强表现终结了“活塞王朝”，正是因为詹姆斯的连连得分令活塞暴露出“锋无力”的窘境。

底特律人从此下定决心，打造进攻之刃，不惜用“王朝基石”比卢普斯换来“得分王”艾弗森，从此那个以铁血防守著称的“活塞王朝”绝迹江湖。

6 征服麦迪逊

篮球圣地的超级准三双

2009年2月5日，骑士作客麦迪逊花园球馆，挑战尼克斯，此前科比刚用61分征服过这里，作为“篮球圣地”，麦迪逊又不得不再次面对当今篮坛的另一尊“大神”。

与“黑曼巴”偏执于得分不同，“皇帝”更偏向于全能表现。此役詹姆斯33投17中，19罚16中，狂砍52分、9个篮板、11次助攻。虽然得分上没有超过科比，但詹姆斯表现更为全面。

最终，骑士客场以107比102战胜尼克斯。值得一提的是，詹姆斯本来豪取52分、10个篮板、11次助攻的超级“三双”，可惜最终取消了最后一个篮板统计，他也因此错过继1975年贾巴尔之后，首位在麦迪逊花园广场完成50+“大三双”神迹的球员。

继科比砍下61分的48小时之后，骄傲的纽约人再一次见证詹姆斯缔造的另一个伟大纪录，作为全联盟最苛刻的球迷，也不得不为之报以由衷的掌声。

詹姆斯三十五大经典战

7 一剑诛魔

东部决赛的压哨绝杀

2009 年 5 月 23 日，东部决赛第二场，詹姆斯率领骑士与“魔兽”霍华德领衔的魔术再次厮杀。

此前魔术以 1 比 0 领先，本场对于主场作战的骑士不容有失。比赛最后时刻，特科格鲁连续发飙，连得 5 分，魔术以 95 比 93 领先 2 分，此时比赛只剩最后 1 秒，骑士请求暂停。

暂停过后，詹姆斯在弧顶接球后立刻远投出手，面对此前风光无限的特科格鲁，命中压哨三分，骑士 96 比 95 绝杀魔术，将总比分扳成 1 比 1 平。

继东部决赛首战在主场砍下 49 分之后，詹姆斯在第二战命中“前骑士时代”最伟大的压哨三分。

虽然此次东部决赛，魔术最终以 4 比 2 淘汰骑士，詹姆斯也未能与科比履行总决赛的“23 VS 24”之约，但这并不能抹杀詹姆斯的伟大绝杀。

8 人生天王山

东决第六战的“死亡之瞳”

只有在人生最关键的那几战中，战胜对手，成就自己，才能成为超级巨星。很显然詹姆斯赢得了自己人生的“天王山之战”。

2012 年 6 月 7 日，东部决赛第六场，此前热火以 2 比 3 落后于宿敌凯尔特人。东部决赛系列赛热火先赢两场，而后又被凯尔特人连扳三局，尤其是第五战，皮尔斯面对詹姆斯命中三分，并放话“勒布朗休想过‘绿衫’”。

詹姆斯嗅到挑衅的味道，更为关键的是，如果再败，“热火三巨头”可能解体，他依然无冠，沸沸扬扬的迈阿密聚首也将成为一纸笑谈。詹姆斯将被打上“失败者”的烙印。

2010 年夏天，詹姆斯来到迈阿密，他与韦德、波什三位正值巅峰期的巨星组成“热火三巨头”，一时间引来颇多争议，詹姆斯背负太多质疑几乎赌上一切，所以他的迈阿密聚首不能失败。而横亘在他面前的依旧是强大的凯尔特人，那个命中注定的死敌，命运拐点，全凭此战！

在“绿衫军”的地盘，背临悬崖之绝境，詹姆斯面沉如水、杀气弥天，半场砍下 30 分，以一己之力摧毁强大的“绿衫军”，全场 26 投 19 中，砍下 45 分，并送出 15 个篮板、5 次助攻，率领热火客场 98 比 79 大胜凯尔特人。而与之对阵的凯尔特人大将——“真理”皮尔斯，被詹姆斯防得毫无建树，18 投 4 中，仅得 9 分。

值得一提的是，在鏖战正酣之际，詹姆斯露出寒光爆射的“死亡之瞳”，成就了季后赛史上最经典的时刻之一。

经此一胜，詹姆斯率领热火步入正轨，最终接连击败凯尔特人、雷霆，得到自己生涯的首个总冠军。这一战，詹姆斯也摧毁了强盛一时的“凯尔特人王朝”，从此“波士顿三巨头”解体。

2015 年，詹姆斯曾提到 2012 年东决第六战是压力最大的一场比赛，他说：“如果那场输了，帕特·莱利很可能解散‘热火三巨头’，而我生涯的传奇性将大打折扣。”对于志在天下的“皇帝”而言，绝不允许自己的“天王山之战”蒙尘。

詹姆斯三十五大经典战

9 喜提首冠

轻取三双夺得首冠

2012 年 6 月 22 日，总决赛第五战，热火以 121 比 106 战胜雷霆。詹姆斯砍下 26 分、11 个篮板、13 次助攻，用完美“三双”为自己的首冠写下闪亮注脚。

此次，总决赛面对杜兰特、威斯布鲁克、哈登“雷霆三少”领衔的“青年军”，“热火三巨头”表现得老辣而又强韧。在先失一局的劣势下，连扳四局。以总比分 4 比 1 击败雷霆，夺得总冠军。

在总决赛五场比赛，詹姆斯场均贡献 28.6 分、10.2 个篮板、7.4 次助攻，荣膺总决赛 MVP，成为十年内首位总决赛和常规赛双料“MVP 先生”。

回溯詹姆斯追逐首个总冠军之路，颇为艰辛。

2007 年他率领骑士杀入总决赛，却被马刺横扫，那时的“GDP 组合”如日中天。2011 年总决赛，詹姆斯与韦德、波什联袂率领热火一路杀入总决赛，被诺维茨基率领的小牛逆转。

2011 年的失利，让詹姆斯变得更加成熟。2012 年季后赛，堪称顶级小前锋的对决，詹姆斯无论是面对安东尼、格兰杰、皮尔斯还是杜兰特，他的表现都无可挑剔，并率队一一克之。

詹姆斯三十五大经典战

10 颜扣特里

空中接力飞身灌篮

2011 年总决赛，特里投中三分球，在詹姆斯面前喋喋不休时，就埋下祸根。

“犯我皇威者，虽远必诛！”詹姆斯没有忘记那段恩怨，用极具羞辱性的“颜扣”来问候特里！

2013 年 3 月 19 日，热火客场挑战凯尔特人。特里后场被韦德抢断，独自镇守篮下，热火四人快攻，最终詹姆斯一跃而起，上演一记震撼的空接爆扣，跳起防守的特里直接被“颜扣”倒地。落地后，詹姆斯依然满腔怒火俯瞰特里，用眼神震慑对手。

詹姆斯事后阐释这记灌篮：“我有看过这个扣篮的回放，这是我职业生涯最佳镜头之一。更美妙的是，这次扣篮是发生在特里身上。因为我们都知道他的话太多了。”

詹姆斯三十五大经典战

11 上篮反杀

2.2秒上篮绝杀步行者

2013年5月23日，东部决赛首场，热火在主场迎来步行者的挑战。此时的印第安纳人阵容鼎盛，以防守著称的他们是热火在东部最大的威胁。

乔治接替老大哥格兰杰成为进步最快的新星，希尔和韦斯特加盟也极大提升了球队的稳定性，最重要的是步行者还拥有热火忌惮的防守高塔希伯特。

热火与步行者的第一场便陷入鏖战，双方难分胜负。常规时间最后时刻热火领先2分，雷·阿伦罚球。这本应是锁定胜局的绝佳机会，然而一向投篮精准的“杀手雷”却两罚一中，随后乔治用一记超远三分命中，为步行者强行“续命”。

加时赛最后时刻乔治三罚命中，步行者以102比101领先，比赛还剩2.2秒，热火前场发球。

对于詹姆斯来说，2.2秒已经足够。面对乔治的防守，詹姆斯接球后顺势一个转身，直接抹过对手，向篮下前插，飞身而起左手上篮，在终场前0.3秒球离手，球进哨响。

经加时赛，热火以103比102险胜步行者，热火取得东部决赛首胜。詹姆斯不仅贡献30分、10个篮板、10次助攻的华丽“三双”，更在最后时刻用上篮得分完成理论意义上的绝杀。根据*ESPN*统计，詹姆斯是NBA历史上第一个在同一场季后赛中既打出“三双”，又投进压哨绝杀的球员。

全场砍下27分的乔治表现也异常出色，他那记超远追平三分堪称“大心脏表演”。怎奈他遇到了巅峰时的詹姆斯，只能望“皇”而叹。

詹 姆 斯 三 十 五 大 经 典 战

12 救赎之战

摘掉发带揭开“封印”

2013 年 6 月 19 日，总决赛第六场，回师迈阿密，之前热火以总比分 2 比 3 落后，濒临绝境。

马刺与热火奉献了一场史诗级的对决，雷·阿伦那记“倒转乾坤”的扳平三分成为总决赛史上最经典的时刻之一。然而正是詹姆斯在之前三分命中追近比分，才使得雷·阿伦有机会创造“神迹”。

前三节詹姆斯 12 投仅 3 中，末节大决战，詹姆斯如梦初醒，怒摘发带。“皇帝挂冠”，心无旁骛地忘我酣战，迸发超强战力。在第四节和加时赛里，詹姆斯 14 投 8 中，砍下 18 分，全场拿到 32 分、10 个篮板和 11 次助攻，率领热火逆转马刺，完成了自我救赎。

在比赛只剩 28.2 秒时，马刺有 5 分优势，似乎要在迈阿密举起总冠军金杯，然而詹姆斯说不!

他投中一记三分，热火以 92 比 94 落后。伦纳德两罚一中后，马刺再度领先 3 分。之后詹姆斯三分不中，但波什抢下进攻篮板，雷·阿伦接球后，后撤到三分线外，面对防守一箭穿心，在比赛还有 5.2 秒时，将比分扳成 95 平。

28.2 秒逆转 5 分，上天注定的“剧本”，就这样被改写。被强势扳平的马刺斗志受损，加时赛被热火以 103 比 100 逆转。

詹 姆 斯 三 十 五 大 经 典 战

13 抢七新高

卫冕之夜平得分纪录

2013 年 6 月 21 日，热火主场以 95 比 88 击败马刺，以 4 比 3 的总比分成功卫冕。詹姆斯 23 投 12 中，轰下 37 分、12 个篮板，37 分平了总决赛第七场的个人最高得分纪录，此前的纪录还是 1957 年凯尔特人的汤姆·海恩索恩所创造的。

此战之前，詹姆斯在季后赛“抢七局”中场均可以得到 33.8 分，同样高居历史第一。

詹姆斯首节比赛 4 投 1 中，只得到 4 分、1 次助攻，这之后，詹姆斯完全找回了自信，半场结束，他的个人数据定格在 15 分、3 个篮板。

在最后 12 分钟彻底爆发出“全力詹”，助攻、篮板、防守、跳投，詹姆斯几乎无处不在，并以终场前 27.9 秒的跳投命中为热火赢得了 4 分的领先优势。随后的防守，詹姆斯又成功完成抢断，这一攻一防，直接锁定总冠军的归属。

热火对决马刺的这轮总决赛堪称近十年来最跌宕起伏的巅峰对决。面对 2007 年曾经横扫过自己的那支“黑白军团”，詹姆斯完成蜕变，率领热火从第六战起，强行逆转马刺。

14 一剑封喉

面对勇士的反绝杀

2014 年 2 月 13 日，热火客场挑战勇士，第三节一度领先 20 分，但勇士在“水花兄弟”库里和克莱·汤普森率领下疯狂反扑，反超比分。

此后双方陷入拉锯战，比赛结束前 1 分 22 秒，勇士以 105 比 104 反超，关键时刻詹姆斯命中三分，率热火再次反超。库里在比赛还有 14.6 秒时打成关键“2+1”，勇士以 110 比 108 领先。

最后时刻，詹姆斯面对伊戈达拉的防守，强行投出一记三分球，命中！反超 1 分，仅留 0.1 秒，勇士无力回天，热火客场以 111 比 110 险胜。

命中致胜三分之后，詹姆斯在甲骨文球馆做出拍胸、抬腿、双手下压的庆祝动作，这成为他职业生涯最经典的招牌动作之一，从而享誉世界。“闪电”博尔特在 2016 年里约奥运会上夺得 200 米冠军时，也效仿詹姆斯做出这个庆祝动作。

全场詹姆斯得到 36 分、13 个篮板和 9 次助攻的豪华准“三双”数据，并“以彼之道，还施彼身”，面对联盟最强的神射二人组“水花兄弟”，詹姆斯用百步穿杨的方式终结了对手！

詹 姆 斯 三 十 五 大 经 典 战

15 最高分之夜

致敬乔丹的 61 分飙分战

2014 年 3 月 4 日，热火主场面对山猫，也是乔丹（老板）的球队，也许是被好友安东尼独得 62 分的表现所激励，詹姆斯决定创造一场属于自己的高分秀。

因为此前面部受伤，化身“面具侠”的詹姆斯也开启了精准砍分模式。他全场 33 投 22 中，其中三分球 10 投 8 中，罚球 12 罚 9 中，豪取 61 分、7 个篮板、5 次助攻，创造自己单场得分新高的同时，也刷新热火队史上个人单场最高得分纪录。最终热火主场以 124 比 107 大胜山猫，豪取八连胜。

赛后詹姆斯评价自己火热手感时说道：“感觉投篮就像将高尔夫球扔进大海。”

众所周知，詹姆斯并不是一位贪婪的得分手，否则以他的身手，单场得分上限绝不仅仅是 61 分，但詹姆斯却是一位高效而又全能的得分手，这一点是无人能与之比肩的。

16 压哨屠牛

东部决赛绝杀公牛

2015年5月11日，东部半决赛第四战，骑士客场挑战公牛，乐福因伤休战，欧文陷入脚伤困扰状态不佳，此战成败全系于詹姆斯一身。上一场骑士遭到罗斯的三分压哨绝杀，这一场如果再失利，意味着骑士将以1比3落后，要想翻盘难上加难。

骑士前三节一度落后两位数，末节替补球员挺身而出，一举扳平比分，两队回到同一起跑线。此后，双方展开拉锯战，比分交替领先。

终场前27秒，巴特勒后撤步投中三分，公牛追至82比84。关键时刻，骑士出现致命失误，罗斯上篮命中，扳平比分。最后8.4秒，詹姆斯强突之后遭到米罗蒂奇封盖，骑士再发球时，时间只剩1.5秒。詹姆斯在左角接球后，在三分线内一步面对巴特勒的防守，出手命中，压哨绝杀！

骑士以86比84险胜公牛，惊险过关，将总比分扳成2比2。此役，詹姆斯贡献25分、14个篮板、8次助攻，他的绝杀价值千金，更改变了系列赛的走势。

詹姆斯三十五大经典战

17 孤皇破敌

全能詹单骑破强敌

2015 年 6 月 8 日，总决赛第二战在奥克兰甲骨文球馆打响，此前骑士以 0 比 1 落后。

由于总决赛首战欧文膝盖受伤导致赛季报销，加上乐福因伤缺阵，“骑士三巨头”已缺其二，没有人看好这支克利夫兰的残军，但还有詹姆斯。

在重回家乡的首个赛季，詹姆斯就率领骑士一路杀入总决赛，为克利夫兰夺得总冠军的誓言犹在耳边，奥布莱恩金杯就在眼前，詹姆斯绝不允许如此良机旁落。

他上半场几乎打满，13 投 7 中，攻下 20 分，送出 6 个篮板、6 次助攻。

第三节由于体力下降，詹姆斯连续遭遇封盖。稍做休息调整后，再次上阵的他依然能连续得分。第四节比赛中，纵然鼻子被格林打破，也丝毫不能动摇他求胜的决心。

最终詹姆斯豪取 39 分、16 个篮板、11 次助攻的大号“三双”，率领骑士在客场以 95 比 93 险胜勇士，将总比分扳成 1 比 1。

终场哨响，詹姆斯怒掷篮球，一扫心中郁结。他用一场单核带队的总决赛胜利，让这场比赛载入史册，这也是骑士在总决赛的历史首胜。

詹姆斯三十五大经典战

18 捍卫主场

回师赢得主场首胜

2015 年 6 月 10 日，总决赛第三战，客场战胜勇士，回到克利夫兰的速贷中心，骑士喊出“ALL IN”的口号——全力以赴！

比赛一开始，詹姆斯就率队出击。他在传球和得分两种模式中自如切换。此外，他在防守端同样毫无保留，单兵防守，篮下补位，快速协防，身影几乎遍布球场的每一个角落。

火力全开的詹姆斯依旧无人可挡，砍下 40 分、12 个篮板、8 次助攻、2 次盖帽的逆天数据，率残阵乘胜追击，在主场以 96 比 91 险胜勇士，不仅系列赛大比分反超，还收获骑士队 45 年来的首个总决赛主场胜利。

总决赛前三战，詹姆斯分别砍下 44 分、39 分和 40 分，累计得到 123 分，超越里克·巴里（122 分），成为 NBA 史上总决赛前三战得分总和最高的球员。此外，詹姆斯总决赛前三战场均得到 41 分，比肩 1993 年总决赛的乔丹（场均得到 41 分）。而此战詹姆斯得到 2 次盖帽，季后赛生涯总盖帽数达 159 次，超过乔丹 1 次。

在詹姆斯的率领下，这支伤兵满营的哀兵之师，从被全世界看低到后来以 2 比 1 领先，夺冠的前景忽然变得光明起来。

詹姆斯三十五大经典战

19 克勇双雄

詹姆斯和欧文双砍 40+

欧文——当今最华丽、犀利的单挑高手，有着千变万化的取分之道；詹姆斯是历史级别的全能大师，也是当今最强悍的得分手之一。他们搭档的终极恐怖形态，都在以下这场比赛中呈现得淋漓尽致。

2016 年 6 月 14 日，总决赛第五战在奥克兰甲骨文球馆打响。勇士坐拥主场之利发起猛攻，首节战罢，勇士以 32 比 29 领先。次节，汤普森独得 18 分，半场结束，汤普森砍下 26 分，詹姆斯独得 25 分做出回应，两队战成 61 平。

易边再战，詹姆斯和欧文对飙“水花兄弟”，博古特不慎扭伤膝盖，返回更衣室。场上缺少身体高度的勇士，被骑士将比分拉开。末节，库里命中高难度三分将比分追近。但欧文和詹姆斯相继得分，骑士打出了 10 比 0 的战绩，再度将比分拉开。最终骑士客场以 112 比 97 战胜勇士，将大比分追至 2 比 3。

因为格林禁赛，詹姆斯成为“湾区公敌”，遭到现场球迷狂嘘，但他还是顶住压力，全场 30 投 16 中，砍下 41 分，并送出 16 个篮板、7 次助攻、3 次抢断和 3 次封盖。欧文 24 投 17 中，其中三分球 7 投 5 中，罚球 2 罚全中，以 70.8% 的命中率得到 41 分，创生涯季后赛得分新高。

詹姆斯与欧文携手创造了新纪录：他们成为第一对总决赛同场砍下 40 分以上的队友。

20 逆转狂潮

连续飙分缔造神迹

2016年6月17日，总决赛第六场，回到克利夫兰的速贷中心，已经以2比3落后的骑士，背水一战，必须要取得胜利。

“捍卫主场，去奥克兰夺冠！”詹姆斯在赛前发出誓言，他率领骑士一开赛便展开严防，前5分钟竟然让勇士一分未得。骑士内外开花，打出18比2的攻击波。首节结束，骑士以31比11取得20分的优势，11分创勇士该赛季单节得分新低。

库里第二节投中四记三分球，勇士顺势将比分追成了38比46。而骑士的邓台·琼斯成为奇兵，一人连得5分，骑士以59比43结束上半场。

第三节一上来J.R. 史密斯便命中三分球，以一波6比0的比分后，骑士将分差拉大到22分。很快库里就已经第四次犯规，骑士又将优势扩大到20分以上。汤普森一人连得8分，勇士将比分追成71比80。

第四节勇士仍不断反击，一度将比分缩小至个位数。詹姆斯再次挺身而出，一人包办骑士末节里的10分，他们以90比79再度拉开差距。比赛还有4分22秒时，库里被吹第六次犯规。

最终骑士以115比101锁定胜局，詹姆斯拿到41分、8个篮板、11次助攻，成为NBA历史上第五位连续两场总决赛得分超过40分的球员。

更为关键的是，詹姆斯兑现了赛前的承诺，率领骑士保住了自己的主场。

21 一冠倾城

率骑士夺冠兑现诺言

2016 年 6 月 17 日，总决赛“抢七大战”在奥克兰甲骨文球场开幕，骑士与勇士在前六场总得分战成610平，可谓势均力敌，“抢七战”将一决生死。

一开场，双方打得难解难分，骑士主攻内线，勇士则三分火力全开，首节战罢，骑士以 23 比 22 领先。次节，骑士三分屡屡偏出，好在詹姆斯和欧文在内线不断取分。而勇士手感依旧火热，格林本节三分球 4 投全中，勇士上半场以 47 比 40 领先。

詹姆斯率骑士一度以 70 比 63 反超，格林再次挺身而出，三节结束，勇士以 76 比 75 领先 1 分。

末节陷入苦战，两队一度在 3 分半的时间内均未得分。詹姆斯在关键时刻以一记“钉板”大帽盖掉伊戈达拉的快攻上篮，提振士气。

终场前 53 秒，欧文迎着库里命中关键三分，帮助骑士取得 3 分领先。詹姆斯与欧文的一守一攻，成为这场抢七战的“胜负手”。

此后库里三分不中，詹姆斯两罚一中，骑士领先 4 分，锁定胜局。最终骑士在客场“抢七”成功，以 93 比 89 险胜勇士，赢得总冠军，成为 NBA 总决赛首支在 1 比 3 落后的情况下完成翻盘的球队。

詹姆斯打出了 27 分、11 个篮板和 11 次助攻的“三双”数据，成为 NBA 总决赛抢七历史上第三位“三双”制造者，并荣膺总决赛 MVP，他在总决赛场均得到 29.7 分、11.3 个篮板、8.9 次助攻、2.6 次抢断以及 2.3 次盖帽，五项数据均领跑两队所有球员，成为首位在季后赛完成如此壮举的球员。

这场比赛，詹姆斯兑现诺言，率领骑士夺得总冠军，为克利夫兰填补了冠军的空白！而那句“Cieveland! This is for you!”以及潸然而下的泪水，成为无数球迷在 2016 年盛夏最为闪亮的记忆。

22 57 分之战

最年轻的 29000 分先生

2017-2018 赛季，欧文离队远赴波士顿，加盟凯尔特人，换来难堪重任的小托马斯。骑士缺少一柄得分利刃，加上阵容老化、伤病不断，连输弱旅，一度遭遇连败，跌出东部前八。

在无援可依的窘境下，詹姆斯唯有开启“得分王”模式。2017 年 11 月 4 日，骑士客场挑战奇才，詹姆斯 34 投 23 中，得到生涯第二高的 57 分，并送出 11 个篮板、7 次助攻，用一场劲爆的得分秀带领骑士结束连败。

值得一提的是，此战詹姆斯以 32 岁零 308 天的年龄超越科比（33 岁零 171 天），成为历史上最年轻 29000 分先生。

即便在联盟中征战了十五个赛季，詹姆斯依旧霸气不改，这是他生涯中第 11 次拿到 50+，追平了艾弗森，并列 NBA 历史 50+ 榜单第六位。

23 纪录之夜

30000+8000+8000

2018 年 2 月 28 日，骑士主场以 129 比 123 战胜篮网的比赛中，詹姆斯迎来“纪录之夜”。全场得到 31 分、12 个篮板、11 次助攻，就此成为史上首位取得生涯 30000 分、8000 个篮板和 8000 次助攻的球员。

速贷中心的穹顶之下，20562 名主场观众都在等待着一个奇迹瞬间。在这个夜晚，只要詹姆斯能够送出 11 次助攻，他就将成为 NBA 历史上第一位“30000+8000+8000”先生。

距离比赛结束还剩 1 分 32 秒，骑士还落后篮网 2 分。此前连续打进两球的詹姆斯吸引防守者收缩内线，拉里·南斯兜到中距离，接詹姆斯的传球后投中，比赛再次打平。

詹姆斯终于送出第 11 次助攻，同样也是他职业生涯的第 8000 次助攻，至此终于达成了 30000

分 +8000 个篮板 +8000 次助攻的成就，成为历史上首位达到这样数据的球员。

除了詹姆斯，NBA 历史上还未有球员拿到过“30000+8000+8000”的数据，詹姆斯在“得分、篮板、助攻综合数据榜”上可谓一骑绝尘。

24 神来之笔

三分压哨绝杀步行者

2018 年 4 月 26 日，季后赛首轮第五场比赛在克利夫兰的速贷中心球馆上演。此前骑士与步行者战成 2 比 2 平，此役成为决定两队胜负最后走势的“天王山之战”。

比赛开始，骑士众将状态欠佳，詹姆斯不断强攻，半场战罢，骑士以 49 比 56 落后于步行者。

下半场，詹姆斯继续砍分的同时，引领众将集体发威，骑士反超比分，以 81 比 73 领先步行者结束第三节。

第四节步行者发起反击，比赛还有 33.6 秒时，两队战成 95 平。步行者主将奥拉迪波蜿蜒而上，突破防守，眼看就上篮得分时，詹姆斯从身后用一记追身“钉板”大帽，将球盖掉。

此后詹姆斯又抢到篮板，在最后 3 秒，詹姆斯接到边线发球，运至三分线外弧顶，面对赛迪斯・杨的防守，拔起就投，命中压哨三分，凭借此球骑士在主场以 98 比 95 击败步行者，拿下“天王山之战”，总比分以 3 比 2 领先。

绝杀对手后，詹姆斯兴奋地跳上技术台，与全场球迷共同庆祝这一经典时刻。此役他全场贡献 44 分、10 个篮板和 8 次助攻，最后时刻的“一攻一防”成为这场比赛的“胜负手”。

詹 姆 斯 三 十 五 大 经 典 战

25 降龙之刃

突破抛投绝杀猛龙

2018 年 5 月 6 日，东部半决赛第三场，詹姆斯再次上演压哨绝杀，率领骑士在主场以 105 比 103 险胜猛龙。

全场比赛，骑士一直掌握主动权，最后时刻风云突变，终场前 15 秒，阿奴诺比命中三分，103 平！此时比赛还剩最后 8 秒，骑士球权，詹姆斯在后场接球后，竟然“一条龙”杀向篮下，猛龙重兵囤防中路。詹姆斯突至左翼，用一记轻松写意的“骑马射箭”，抛投命中，压哨绝杀猛龙。

这是詹姆斯季后赛生涯的第五次压哨绝杀对手，他成为联盟近十五年来首位在同年季后赛内完成至少两次压哨绝杀的球员。

在季后赛的征程中，洛瑞与德罗赞率领猛龙数次完败于詹姆斯领衔的骑士，这让“北境双雄”心灰意冷。此次东部半决赛再度被骑士横扫之后，洛瑞与德罗赞兄弟分手，成为又一对被詹姆斯打散的组合。

詹姆斯三十五大经典战

26 单骑退敌

单枪匹马胜“绿衫”

2018年5月26日，东部决赛第六场移师到克利夫兰的速贷中心球馆，此前骑士总比分以2比3落后于凯尔特人，本场比赛是背水一战，必须赢。

虽然缺少主将欧文、海沃德，但凯尔特人这支“青年军”在主帅史蒂文斯的带领下迸发出惊人的战力，塔图姆、杰森·布朗、斯马特等一干青年才俊表现得尤为惊艳，他们一度令阵容老化的骑士陷入危境。

东部决赛第六战、以2比3落后、濒临淘汰的边缘、对手凯尔特人、一位“杀意弥天”的詹姆斯……这一切看起来是那么的熟悉，令人不禁想起2012年。

整个过程与2012年如出一辙，唯一不同的是詹姆斯更加孤单。开场仅5分钟乐福就受伤离场，詹姆斯不得不“单核”率队应战凯尔特人。

最终詹姆斯上场约47分钟（全场只休息57秒），狂砍46分、11个篮板、9次助攻，并且在第四节决胜时刻连得8分，率领骑士主场以109比99战胜凯尔特人，将东部决赛拖入“抢七大战”。

詹姆斯三十五大经典战

27 狮皇称霸

抢七战攻陷北岸花园

2018年5月28日，东部决赛第七场，骑士移师波士顿TD北岸花园球馆挑战凯尔特人。这是一场生死鏖战，乐福因第六场受伤未愈（脑震荡）而再次缺阵，詹姆斯再次“单核”应战，并打满全场，砍下35分、15个篮板、9次助攻，率领骑士在客场以87比79战胜凯尔特人，大比分4比3淘汰对手，连续四年晋级总决赛。

值得一提的是，詹姆斯创造职业生涯“抢七”大战的六连胜。2018年季后赛，詹姆斯打出历史最强级别的个人表现，两次绝杀对手，两次“抢七”决胜成功，以一己之力带领骑士杀入总决赛，这也是他连续八年的总决赛之旅。

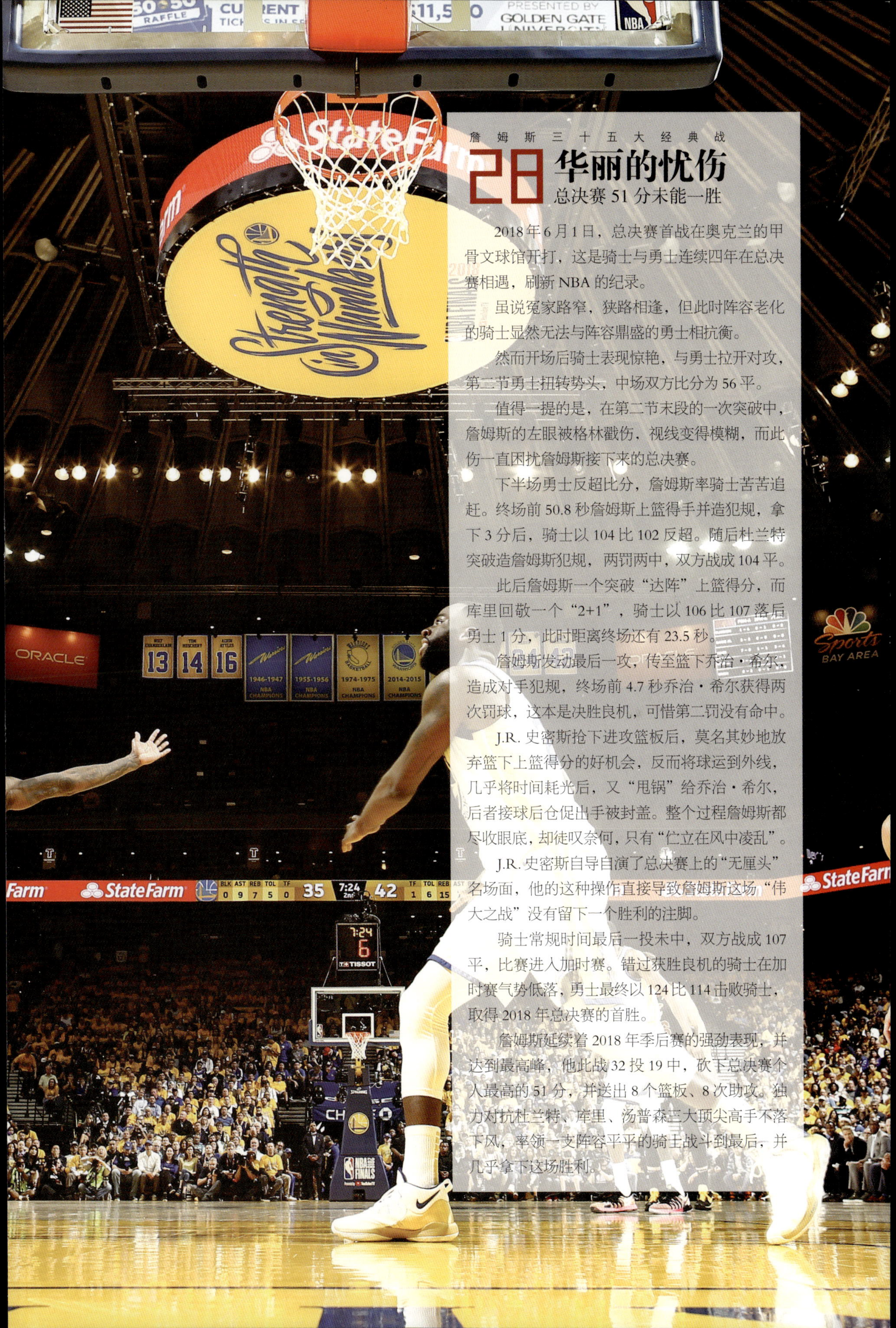

28 华丽的忧伤

总决赛 51 分未能一胜

2018 年 6 月 1 日，总决赛首战在奥克兰的甲骨文球馆开打，这是骑士与勇士连续四年在总决赛相遇，刷新 NBA 的纪录。

虽说冤家路窄，狭路相逢，但此时阵容老化的骑士显然无法与阵容鼎盛的勇士相抗衡。

然而开场后骑士表现惊艳，与勇士拉开对攻，第二节勇士扭转势头，中场双方比分为 56 平。

值得一提的是，在第二节末段的一次突破中，詹姆斯的左眼被格林戳伤，视线变得模糊，而此伤一直困扰詹姆斯接下来的总决赛。

下半场勇士反超比分，詹姆斯率骑士苦苦追赶。终场前 50.8 秒詹姆斯上篮得手并造犯规，拿下 3 分后，骑士以 104 比 102 反超。随后杜兰特突破造詹姆斯犯规，两罚两中，双方战成 104 平。

此后詹姆斯一个突破“达阵”上篮得分，而库里回敬一个“2+1”，骑士以 106 比 107 落后勇士 1 分，此时距离终场还有 23.5 秒。

詹姆斯发动最后一攻，传至篮下乔治·希尔，造成对手犯规，终场前 4.7 秒乔治·希尔获得两次罚球，这本是决胜良机，可惜第二罚没有命中。

J.R. 史密斯抢下进攻篮板后，莫名其妙地放弃篮下上篮得分的好机会，反而将球运到外线，几乎将时间耗光后，又“甩锅”给乔治·希尔，后者接球后仓促出手被封盖。整个过程詹姆斯都尽收眼底，却徒叹奈何，只有“伫立在风中凌乱”。

J.R. 史密斯自导自演了总决赛上的“无厘头”名场面，他的这种操作直接导致詹姆斯这场“伟大之战”没有留下一个胜利的注脚。

骑士常规时间最后一投未中，双方战成 107 平，比赛进入加时赛。错过获胜良机的骑士在加时赛气势低落，勇士最终以 124 比 114 击败骑士，取得 2018 年总决赛的首胜。

詹姆斯延续着 2018 年季后赛的强劲表现，并达到最高峰，他此战 32 投 19 中，砍下总决赛个人最高的 51 分，并送出 8 个篮板、8 次助攻。独力对抗杜兰特、库里、汤普森三大顶尖高手不落下风，率领一支阵容平平的骑士战斗到最后，并几乎拿下这场胜利。

詹 姆 斯 三 十 五 大 经 典 战

29 超越神兽

总得分超越张伯伦

2018 年 11 月 15 日，湖人主场迎战开拓者，他们以 126 比 117 双杀开拓者，豪取四连胜的同时，也终结了对手的四连胜。

本场比赛詹姆斯得到 44 分、10 个篮板、9 次助攻，这几乎是一个“超级大三双”的豪华数据，然而真正使此战载入史册的是—— 詹姆斯正式步入 NBA 得分圣殿的“总统山”，跻身历史总得分榜的前五名。

此役詹姆斯生涯总得分达到 31425 分，正式超越张伯伦的 31419 分，升至历史第五位。

至此，NBA 总得分榜的前五名分别为：贾巴尔、马龙、科比、乔丹、詹姆斯。当然，时值 33 岁的詹姆斯还会一路超越，他最终将会登上 NBA 历史“总得分王”的宝座，这一点我们坚信。

詹 姆 斯 三 十 五 大 经 典 战

30 湖人新高战

用 51 分隔空送别韦德

2018 年 11 月 19 日，湖人以 113 比 97 大胜热火，詹姆斯 31 投 19 中，三分球 8 投 6 中，用超高效率拿下 51 分，这也是他迄今为止湖人生涯的单场最高分。

时隔五年，重回迈阿密，物是人非，但韦德还在。这是“闪电侠”的最后一个赛季，此战本应该是“詹韦”在迈阿密美航中心的最后一次同场竞技，可惜韦德因为要照顾新出生的爱女，缺阵此场比赛。

虽然对面没有韦德，不过作为好兄弟，詹姆斯还是拼尽全力，用一场个人高分秀为兄弟作隔空告别，也是一种英雄间的敬重之情。

51 分也超越科比（44 分）在 2012 年创下的对阵热火的最高得分纪录。

詹姆斯来到湖人不久，库兹马、鲍尔、英格拉姆等一干青年才俊还没有目睹过“大杀器”的得分威力，此战詹姆斯用一场 51 分，扬刀立威。

詹 姆 斯 三 十 五 大 经 典 战

31 力压新王

詹姆斯对战东契奇

2019年11月2日，湖人和独行侠在达拉斯的美航中心球馆展开对决，这虽然只是一场常规赛较量，但因为双方阵中的主将而变得备受瞩目。

詹姆斯自不必赘言，而独行侠的“少帅”东契奇的迅速崛起亦令人惊奇，他砍高分得“三双”宛如闲庭信步，这位年仅20岁的斯洛文尼亚小伙子球风稳健而又全能，颇有当年詹姆斯的风范。

这场比赛被看作“现在之王”与“未来之王”的直面对决，詹姆斯与东契奇也不负众望，联手为大家奉上一场“神仙打架”般的“三双大战”。最后时刻湖人落后3分，詹姆斯突破找到底角的格林，后者稳稳投中三分，将比分追至103平。进入加时赛，詹姆斯接管比赛，独得9分，率领湖人以119比110击败独行侠，在客场取得胜利。

此役詹姆斯拿下39分、12个篮板、16次助攻，东契奇得到31分、13个篮板、15次助攻，他们二人也成为NBA历史上第一对同场砍下“三双”的球员。

虽然最终还是34岁的“现在之王”技高一筹，率队取得胜利，但詹姆斯对东契奇不吝溢美之词，而后者完全配得上任何赞美。

半个月之后，11月19日，独行侠以117比110击败马刺，东契奇砍下42分、11个篮板、11次助攻，与詹姆斯并列成为21岁前砍下40+“大三双”的“唯二”球员。詹姆斯在社交媒体上回应“这小子太强了”！

詹 姆 斯 三 十 五 大 经 典 战

32 逆天怒扣

詹姆斯隔扣别利察

2019年11月16日，湖人主场迎战国王，最终以99比97险胜对手。

对阵弱旅，常规赛小胜，本无可称道，却因为一记技惊四座的冲天隔扣而变得意义非凡。

第二节还剩两分钟左右，詹姆斯在半场处持球，面对波格丹诺维奇，突然一个加速直杀篮下，提速之快宛如惊雷，年近35岁的“高龄老汉”接下来的一幕更为“残暴”，詹姆斯迎着别利察一记抡臂隔扣，再现了巅峰时期的霸道无匹的“战斧”劈扣。

此役湖人在上半场昏昏欲睡，反倒是国王反客为主，一直压制着湖人。詹姆斯直接隔扣，显然是想用一记“战鼓”般的灌篮来唤醒队友，震慑对手。

落地之后，詹姆斯还给别利察送上标志性的“死亡之瞪”，怒视中霸气外露，斯台普斯中心的气氛被彻底点燃，这记灌篮也为湖人最后逆转埋下了伏笔。

詹 姆 斯 三 十 五 大 经 典 战

33 超越科比

总得分升至历史第三

2020 年 1 月 25 日，湖人客场以 91 比 108 不敌 76 人，詹姆斯虽然得到 29 分、7 个篮板、8 次助攻，但没有率领队伍取胜。这本是一场普通的比赛，却因为一次超越而载入史册——总得分超越科比。

对 76 人这一战，詹姆斯在费城——科比的家乡，迎来了铭刻于时代的突破。在此战之前，詹姆斯 NBA 生涯总得分已经达到 33626 分，排在 NBA 历史得分榜第四位，距离科比（33643 分）只差 17 分。

比赛第三节结束前 7 分 22 秒，詹姆斯突破上篮得手，本场得分达到 18 分，NBA 生涯总得分增加至 33644 分，总得分超越科比，排名来到第三位，仅次于马龙（36928 分）与贾巴尔（38387 分）。

在詹姆斯完成超越后，全场球迷起立欢呼，詹姆斯挥手致谢，能见证这一伟大的历史时刻，即使是主场球迷，也不会吝惜掌声。

对于超越科比，詹姆斯说："这是非常酷的事，科比和我都是高中毕业直升 NBA，都在很年轻时就承受巨大压力，每一天都在努力成为世界上最好的球员，以此来激励全世界的孩子们，我们有很多相似之处。"

看得出，詹姆斯对科比是一种英雄间的惺惺相惜，是一种"紫金传承"的敬重之情。然而，世事难料，一天之后，科比却突然罹难，离开这个世界，令无数人扼腕叹息、痛彻心扉，詹姆斯尤为悲恸。

詹 姆 斯 三 十 五 大 经 典 战

34 天赋对决

詹姆斯力压"胖虎"

2020 年 2 月 26 日，湖人主场迎战鹈鹕。作为炙手可热的新科状元，锡安一直被誉为下一个詹姆斯，他身高 1.98 米，臂展 2.08 米，体重竟达到 129 千克，垂直弹跳高度接近乔丹，能达到 1.16 米。

年仅 19 岁的锡安，就作为 NBA 最重的球员来征战赛场，顶级速度、力量、弹跳有了如此体重的加持，锡安变成一头肆意驰骋的"胖虎"。

这是锡安职业生涯首次对决詹姆斯的比赛，在本赛季此前的两次湖人与鹈鹕的交锋中，锡安都是因伤未能参战，作为举世瞩目的"詹皇"接班人，此次两人的首次对决赚足了眼球。

最终湖人在主场以 118 比 109 战胜鹈鹕，詹姆斯得到 40 分、8 个篮板、6 次助攻，锡安则得到 29 分、6 个篮板，在与"皇帝"的首次对决中，稍显稚嫩。

上半场锡安 10 投 6 中，拿到 17 分。詹姆斯则砍下 15 分、4 次助攻，二人表现看似旗鼓相当。

但中场过后，詹姆斯就给锡安上了一课，他连续命中 3 记三分球外加一次补篮，连得 11 分。第三节詹姆斯独得 16 分，前三节已经掠下 31 分。

战至第四节，"秃曼巴"卡隆索成为致胜"奇兵"，他先是防守端帽翻"球哥"鲍尔，又完成抢断反击打成 2+1！詹姆斯登场后连续得分再次接管比赛，最终湖人以 118 比 109 击败鹈鹕，豪取六连胜。

35 湖鹿争霸

准 MVP 之间的较量

2020 年 3 月 7 日，湖人在主场迎战雄鹿，东西部榜首球队的大战正式上演。此战也被看作是总决赛的提前预演，本赛季两大准 MVP，詹姆斯与“字母哥”直面对决。

最终詹姆斯 21 投 12 中，罚球 15 罚 12 中，砍下 37 分、8 个篮板、8 次助攻，“字母哥”阿德托昆博 21 投 10 中，拿下 32 分、11 个篮板、6 次助攻，虽然个人数据难分伯仲，但湖人以 113 比 103 击败雄鹿，准 MVP 之间的较量，詹姆斯无疑是获胜的一方。

此外，戴维斯也拿到 30 分、9 个篮板，“詹眉组合”联手发威，率队赢得此战之后，湖人本赛季总战绩提升至 48 胜 13 负，提前锁定 2019-2020 赛季季后赛席位。“紫金军团”已经连续 6 年无缘季后赛，如今终于打破了这个魔咒。

詹姆斯此战过后，总得分突破 34000 分；总罚球出手数 10010 次，超越科比，排名历史第五位。

这一战詹姆斯超越两大纪录，并赢得准 MVP 的较量，率湖人锁定季后赛，足以载入史册。

值得一提的是，第二节还剩 7 分 50 秒时，詹姆斯右侧底角接球后，错位面对 2.13 米的洛佩兹防守，做出一个投篮假动作，晃开对手重心，利用脚步优势杀到内线，上演双手隔人暴扣。这一扣技惊四座，也为这场经典之战画上浓墨重彩的一笔。

KIA
NBA
ALL-STAR EDITION

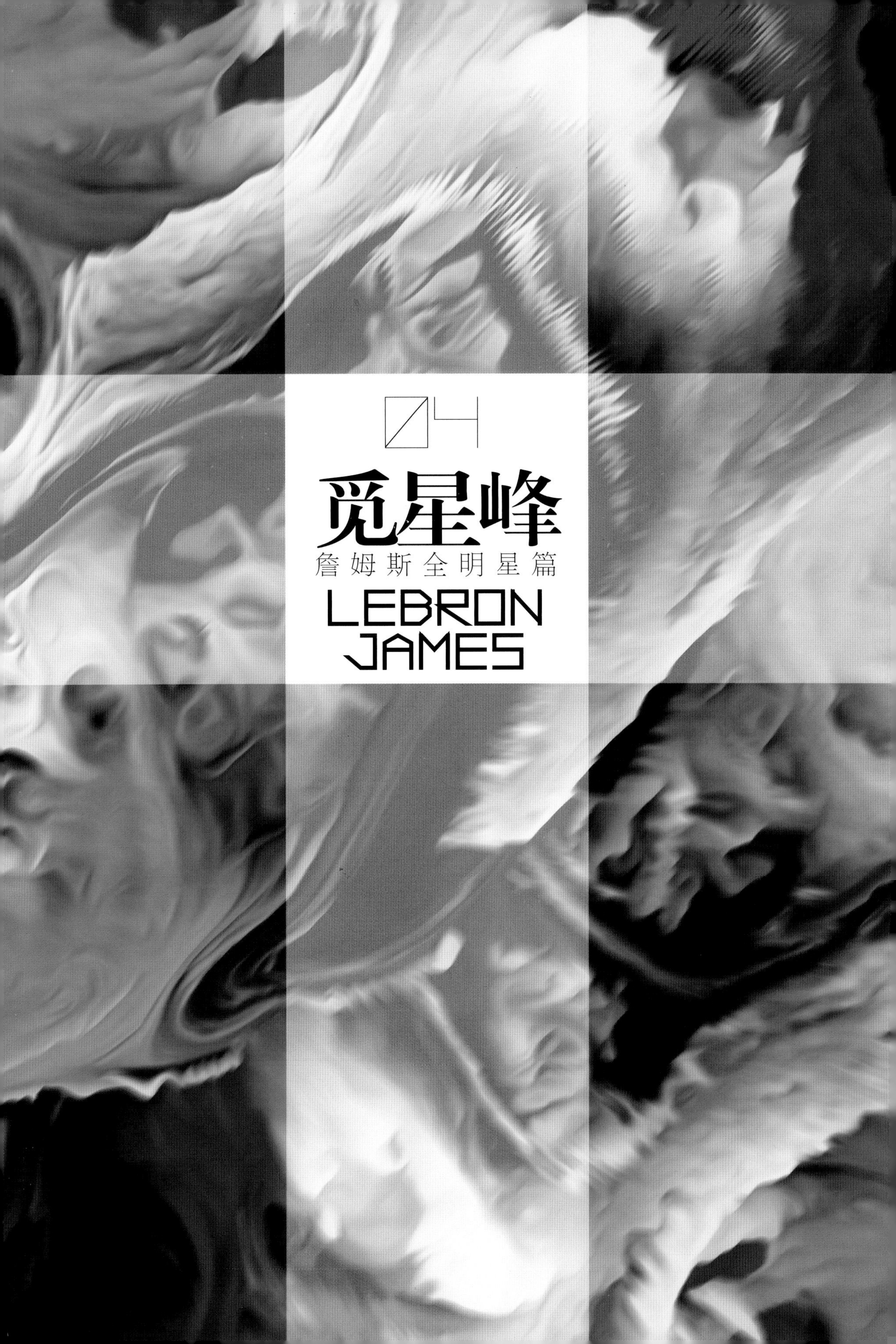

04

觅星峰

詹姆斯全明星篇

LEBRON JAMES

1 帝星初绽

2004年洛杉矶新秀赛

2004 年 2 月 14 日，洛杉矶全明星周末新秀挑战赛可谓群星璀璨，“03 白金一代”球员詹姆斯、韦德、安东尼悉数登场。詹姆斯率领新秀一年级队迎战姚明领衔的新秀二年级队。

当时只有 19 岁的詹姆斯，首次踏上全明星之旅。全场他砍下 33 分、5 个篮板，外加 6 次助攻，笑傲群雄。但“小霸王”斯塔德迈尔用 36 分、11 个篮板以及一场胜利，将新秀赛 MVP 揽入怀中。

“03 白金一代”为自己的年轻交了学费，他们领衔的新秀一年级队以 118 比 142 大比分惨败于 2002 年的新秀二年级队。

虽然比赛失利，但詹姆斯首次全明星表现可圈可点，这位“后乔丹时代”的 23 号用 33 分、5 个篮板、6 次助攻的全能数据昭示天下，“小皇帝”即将开启那雄奇浩瀚的星途之旅。

2 首战平平

2005 年丹佛全明星赛

2005 年丹佛全明星赛，詹姆斯以 1661204 票入选东部首发阵容，从此他开始连续 16 届雄霸全明星首发位置，而且这一纪录还未停止。

2005 年 2 月 19 日，全明星正赛开始，丹佛高原的严寒似乎冻住了众球星赛前那发烫的手感，使得这次全明星赛稍显平庸，全场比赛竟然无一人得分超过 20 分。詹姆斯在自己第一次全明星正赛上得到 13 分、8 个篮板、6 次助攻。

3 最亮的星

2006 年休斯敦全明星赛

2006 年 2 月 19 日，全明星正赛在休斯敦打响，在麦迪的地盘詹姆斯反客为主，上演绝地反击。

全场詹姆斯 21 投 12 中，砍下 29 分，外加 6 个篮板。虽然麦迪挟东道主之利砍下全场最高的 36 分，但最终“小皇帝”领衔的东部明星队还是以 122 比 120 逆转西部明星队，詹姆斯也收获了自己职业生涯第一座全明星赛 MVP 奖杯。

21 岁零 51 天的詹姆斯成为 NBA 历史上最年轻的全明星 MVP 先生。

值得一提的是，下半场东部明星队一度落后 21 分，危机时刻詹姆斯接管比赛，率领“活塞四虎”奋勇反击，最终率领东部明星队翻盘成功。

4 皇侠争霸

2007 年拉斯维加斯全明星赛

2007 年，詹姆斯以 2516049 票首次当选全明星“票王”，在拉斯维加斯这座无主之城（这里没有 NBA 球队，没有东道主），詹姆斯志在卫冕。

赌城夜宴，群星璀璨，作为上届 MVP，詹姆斯释放出强劲火力，对方阵中的科比则强势回应，“小皇帝”和“小飞侠”开启对飙模式。

手感火热的“小飞侠”全场砍下 31 分、5 个篮板、6 次助攻、6 次抢断。“小皇帝”詹姆斯左突右投，全场拿下 28 分、6 个篮板、6 次助攻。

相对于火力全开的西部明星队，詹姆斯的东部明星队还是稍显人单力薄。最终西部明星队以 153 比 132 大胜东部明星队，科比最终荣膺全明星 MVP。

EAST
23
WEST
3
2

5 再攀星巅
2008年新奥尔良全明星赛

2008年2月18日，全明星赛在黄蜂的主场新奥尔良球馆拉开大幕，这是保罗的地盘，在自己的地盘上，“蜂王”加冕全明星MVP也顺理成章。

这届全明星赛，科比因伤只出场2分52秒就匆匆退场，这显然给了詹姆斯机会。全场比赛他用27分、8个篮板和9次助攻的准“三双”数据，率领东部明星队以134比128击败西部明星队。

虽然在得分上，效力于凯尔特人的雷·阿伦以28分更胜一筹，但是詹姆斯还是凭借着更为全面的表现，成功当选全明星MVP。

值得一提的是，这是詹姆斯第二次荣膺全明星MVP，竟然与上一次是同样的戏码——反客为主。上一次他在休斯敦让麦迪与全明星MVP失之交臂，而时隔一年以后，在新奥尔良，詹姆斯面对好兄弟保罗，更是毫不手软，再次折桂，让“蜂王”的16分、14次助攻的豪华“两双”数据成为皇者登峰的华丽注脚。

6 “OK”携手
2009年菲尼克斯全明星赛

2009年菲尼克斯全明星赛，在纳什的地盘上演了“OK兄弟”相逢一笑泯恩仇的戏码。

2009年2月16日，科比与奥尼尔冰释前嫌，“OK组合”再度联手，合砍44分，率领西部明星队以146比119战胜东部明星队，科比与奥尼尔共同举起MVP奖杯。

詹姆斯19投8中，拿下20分，但在“OK”这对21世纪的伟大组合面前，显得力单势薄。当然这一刻只能停留在全明星赛上，现实中真正的“OK时代”已经过去。连奥尼尔也说：“现在的联盟属于‘小飞侠’和‘小皇帝’。”

7 詹韦连线

2010 年达拉斯全明星赛

2010 年 2 月 15 日，全明星赛在达拉斯举行。科比再度因伤缺席，缺少头号得分手，西部队依然展现出强大的竞争力，他们与“詹韦”领衔的东部队鏖战到底，最终以 138 比 141 惜败。

这届全明星赛成了詹姆斯、韦德与安东尼——“03 白金三杰”的内战。最终韦德以 28 分、11 个篮板、6 次助攻外加 5 次抢断的全面数据，捧得全明星 MVP 奖杯。

詹姆斯不甘示弱，砍下 25 分、5 个篮板、6 次助攻，同样精彩。而安东尼也不遑多让，豪取 27 分、10 个篮板的“两双”数据，可惜最后三分未中，西部队遗憾败北。

“詹韦”这次在达拉斯全明星赛上的连线，异常完美，这也似乎为半年后他们在迈阿密聚首埋下伏笔。

8 詹科再决

2011 年洛杉矶全明星赛

2011 年 2 月 21 日，全明星赛时逢“六十大寿”（第 60 届）。此次盛会在洛杉矶斯台普斯中心举行，很显然这里是科比的地盘，而詹姆斯作为东部明星主将，志在登巅。

2010 年夏天，詹姆斯转投热火而备受指责，他在此次全明星赛前声明，希望和韦德分享全明星 MVP 奖，这显然是对科比的挑战。联想到之前詹姆斯在麦迪和保罗地盘上的“打劫”事件，这一场是“皇帝”与“黑曼巴”的直面对决。此番鏖战打出火星撞地球般的碰撞，令观者血脉偾张，詹姆斯与科比联手奉献了全明星史上最火爆的一次对飙。

詹姆斯全场拿下 29 分、12 个篮板和 10 次助攻的豪华“三双”，科比独取 37 分、14 个篮板。最终詹姆斯没能成为“救世主”，东部队以 143 比 148 惜败给西部队，科比荣膺全明星 MVP。詹姆斯虽然没能带领东部获得胜利，却成为乔丹后第二位在全明星赛打出“三双”的球员。

9 无冕之皇

2012 年奥兰多全明星赛

2012 年 2 月 27 日，奥兰多全明星赛是一场群星闪烁的飙分大战，精彩纷呈，令人目不暇接。

科比得到 27 分，全明星赛总得分达到 271 分，成功超越乔丹，荣升全明星赛历史“得分王”。韦德豪取 24 分、10 个篮板与 10 次助攻的“三双”数据……然而此次比赛最为闪亮的只有两人，那就是詹姆斯与杜兰特。

这是联盟最强小前锋之间的对决，詹姆斯全场砍下 36 分、6 个篮板、7 次助攻，创下自己全明星赛得分新高。而杜兰特得到 36 分予以回应，并率领西部队以 152 比 149 险胜东部队，最终杜兰特荣膺全明星 MVP。

这届全明星赛也拉开詹姆斯与杜兰特未来第一人之争的序幕，虽然詹姆斯未能获得 MVP 奖杯，但在该年 6 月他在总决赛上率热火以 4 比 1 击败雷霆，拿下自己职业生涯第一个总冠军与总决赛 MVP，在与杜兰特的较量上，扳回一城，并占得上风。

adidas
2013
6

10 再战科比

2013 年休斯敦全明星赛

2013 年 2 月 18 日，全明星赛在休斯敦的丰田中心拉开大幕。詹姆斯全场比赛 18 投 7 中，仅得 19 分。这样的数据显然不能帮助东部最终获得胜利，尽管他的队友韦德和安东尼合力砍下 47 分，但是最终东部还是以 138 比 143 败北，最终砍下 20 分、15 次助攻的保罗荣膺全明星 MVP。

詹姆斯和科比的单挑成为此次全明星赛的亮点。诚然，科比永远是最出色的一对一球员，而詹姆斯则意在天下，所以这次全明星的失利，并不妨碍接下来詹姆斯率领热火卫冕总冠军。

11 欧文抢戏

2014 年新奥尔良全明星赛

2014 年全明星赛在新奥尔良再度上演，詹姆斯率领热火卫冕总冠军，连续两年包揽常规赛和总决赛 MVP，并以 1416419 票第三次当选“票王”。

此时的联盟已经进入“四大小前锋”统领的时代，杜兰特、詹姆斯、乔治和安东尼一同入围全明星首发，成就了一段佳话。

此战詹姆斯拿到 22 分、7 个篮板和 7 次助攻，并最终率领东部明星队以 163 比 155 击败西部明星队。这本该是属于詹姆斯的一届全明星赛，不料欧文却半路杀出，这位詹姆斯未来的小弟得到 31 分、14 次助攻，成功夺得全明星 MVP 奖杯。

12 超越乔丹

2015 年纽约全明星赛

2015 年 2 月 16 日，全明星赛在尼克斯队主场麦迪逊广场花园上演。这是安东尼的地盘，作为好兄弟，詹姆斯得到东部全队最高的 30 分，还有 5 个篮板和 7 次助攻，可惜最终未能取胜，全明星 MVP 奖也被暴砍 41 分的威斯布鲁克夺得。

虽然没有问鼎，但詹姆斯全明星赛总得分达到 278 分，超越乔丹，排到历史得分榜第二位，距离第一名的科比，只有 2 分之差。

比赛最后 5 分钟，两队球员开始较劲，詹姆斯强突西部内线得手后，紧接着哈登迎着詹姆斯的防守，高难度出手投中三分球。最后阶段，东部队已经没有太强的追分欲望，最终，西部队以 163 比 158 取胜。

13 告别传奇

2016 年多伦多全明星赛

2016 年 2 月 15 日，多伦多上演全明星赛，这是一场无关胜负的比赛，因为此战的所有焦点集于一人，那就是科比。这是“黑曼巴”参加的最后一届全明星赛，如何致敬？如何送别？这成为这场赛事的主题。

鉴于这个主题，詹姆斯没有抢戏，只打了 20 分钟，13 投 6 中，得到 13 分、4 个篮板和 7 次助攻。即使这样，詹姆斯的全明星赛总得分还是达到 291 分，从而超越科比（290 分）升至历史第一。

最终西部以 196 比 173 击败东部，得到 31 分的威斯布鲁克蝉联了全明星 MVP 奖，然而本场最经典的一刻还是科比与詹姆斯的对决。

第二节进行到 5 分 33 秒，詹姆斯主动防守科比，并表现出一副死磕到底的表情，而科比也接招了，只不过鉴于自己的身体情况，最终选择了跳投。多么熟悉的“科詹对决”，可惜因为科比的退役将不复重现。四年后，直升机坠落，科比罹难，令人陷入无限悲怆与伤感之中……

这一幕科詹对决成为无数球迷心中永不磨灭的记忆。

14 纪录之夜

2017年新奥尔良全明星赛

2017年2月20日，新奥尔良全明星赛正式上演，最终西部明星队以192比182击败东部明星队。詹姆斯砍下23分，全明星赛总得分迈过300大关，达到314分。

比赛首节双方展开对轰，共得到101分，创下全明星正赛历史首节总得分之最。

这一届，詹姆斯虽然更多的是享受比赛，但不乏亮点，大力折叠背扣、打板扣篮、三分远投，玩得不亦乐乎。

虽然威斯布鲁克砍下惊人的41分，不过“浓眉哥”戴维斯更胜一筹，砍下创全明星赛历史纪录的52分，率领西部明星队以192比182战胜东部明星队，并荣膺全明星MVP。

詹姆斯连续13次入选全明星首发，这一成就追平“绿衫军”名宿库西，并列历史第一。此战之后，詹姆斯总投篮命中129球，超越科比（119球），名列全明星投篮总命中数榜的榜首。

15 再夺荣耀
2018年洛杉矶全明星赛

2018年2月19日，洛杉矶全明星赛拉开帷幕，本届比赛放弃了传统的东西部对抗形式，而是用票选方式选出两队队长，再由两位队长来挑选球员（选人不分东西部）进行比赛，两队队名直接用队长的名字命名。

最终詹姆斯队以148比145逆转库里队，詹姆斯砍下29分、10个篮板和8次助攻，第三次夺得全明星MVP奖杯，比肩“大O”罗伯特森和乔丹，仅少于科比和佩蒂特的四次。

詹姆斯作为队长，打得非常卖力，不仅17投12中，且奉献多个精彩暴扣，尤其是在最后回合，詹姆斯联袂杜兰特，封杀库里出手的角度，使其无法投出三分，为球队守住胜利果实。

本场是詹姆斯连续第14次首发出战全明星赛，超越库西，成为全明星赛史上连续首发场次最多的球员。

16 闪电谢幕
2019年夏洛特全明星赛

2019年2月17日，夏洛特全明星正赛开打，最终詹姆斯队以178比164击败阿德托昆博队。本届全明星赛詹姆斯以4620809票再次当选全明星“票王”，这是詹姆斯连续第三年当选“票王”，个人生涯第6次获此殊荣。

值得一提的是，这是韦德生涯最后一次全明星赛，赛前詹姆斯和韦德都表达了希望再一次上演“詹韦连线”的渴望。

上半场，“詹韦连线”没有出现，但下半场，两大巨星没有让球迷久等。第三节刚开始，詹姆斯侧翼持球，韦德底线空切接球双手重扣。

第三节10分21秒，“詹韦连线”再次出现，这一次是韦德投桃报李给詹姆斯助攻，韦德反击中把球砸向篮板反弹，詹姆斯空接暴扣。这也是最后一次出现的“詹韦连线”。

17 纪念之战

2020 年芝加哥全明星赛

2020 年 2 月 17 日，芝加哥全明星赛正式开战。最终詹姆斯队以 157 比 155 险胜“字母哥”队。因为科比的意外罹难，这一届全明星赛变得万分凝重。为了纪念科比，全明星 MVP 奖被改名为“科比・布莱恩特最有价值球员”奖。

詹姆斯全场砍下 23 分、5 个篮板、5 次助攻，这是詹姆斯连续第 16 次全明星赛首发出场，刷新历史纪录。

05

履型纪

詹姆斯战靴全解析

LEBRON JAMES

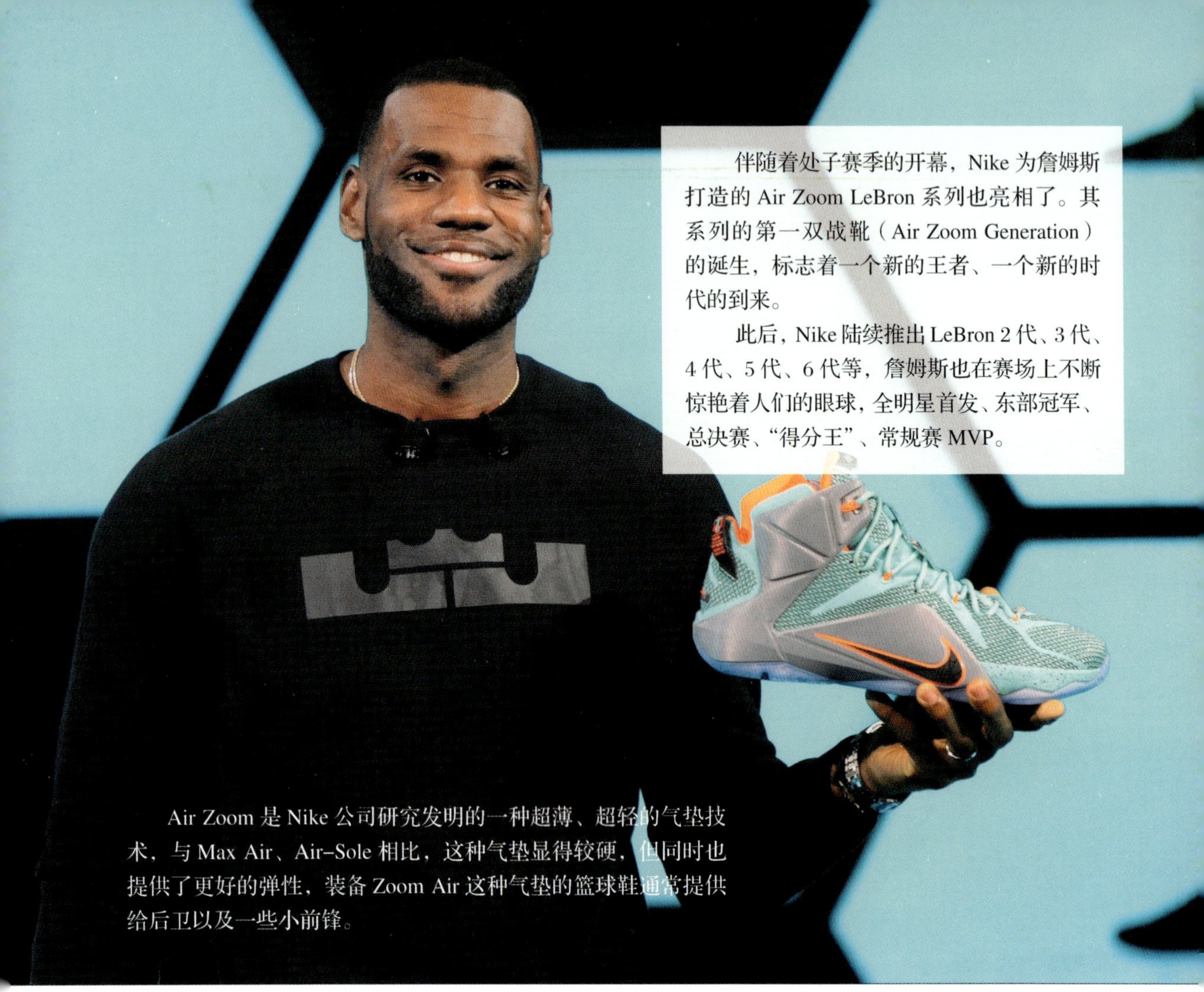

伴随着处子赛季的开幕，Nike 为詹姆斯打造的 Air Zoom LeBron 系列也亮相了。其系列的第一双战靴（Air Zoom Generation）的诞生，标志着一个新的王者、一个新的时代的到来。

此后，Nike 陆续推出 LeBron 2 代、3 代、4 代、5 代、6 代等，詹姆斯也在赛场上不断惊艳着人们的眼球，全明星首发、东部冠军、总决赛、“得分王”、常规赛 MVP。

Air Zoom 是 Nike 公司研究发明的一种超薄、超轻的气垫技术，与 Max Air、Air-Sole 相比，这种气垫显得较硬，但同时也提供了更好的弹性，装备 Zoom Air 这种气垫的篮球鞋通常提供给后卫以及一些小前锋。

❶ Nike Air Zoom Generation 1

事实上 Air Zoom Generation 在 2002 年就开始投入设计，Nike 组成了以 Aaron Cooper、汀克·哈特菲尔德以及 Eric Avar 为核心的豪华设计团队，这三位大师以詹姆斯 18 岁的生日礼物——悍马 H2 为蓝本，设计出了 Air Zoom Generation 战靴。

2003 年夏天，詹姆斯和杰里·韦斯特、摩西·马龙一起拍摄了 Nike 广告，预示着“新一代”的到来，球鞋也因此得名“Air Zoom Generation”，而詹姆斯本人也很喜欢这个霸气的名字。

● Generation 1

❷ Nike Ari Zoom LeBron 2

2004 年 1 月，詹姆斯迎来自己的第二代签名鞋——Nike Air Zoom LeBron 2。此款鞋是詹姆斯签约耐克后的首双高帮签名鞋，而且还首次使用绑带设计。鞋身大部分使用了皮革和高密度织物，这种高密度织物是防割的，号称球鞋里的“防弹衣”。

由于在前后掌都有着半透明的“笼式”TPU 包裹，所以不少鞋友都会误认为 Zoom LeBron 2 采用了全掌 Air Zoom，但实际上，它还是采用篮球鞋上更主流的前后分掌，并将 Air Zoom 镶嵌于一体化的 Phylon 中底上。

● LeBron 2

❸ Nike Air Zoom LeBron 3

LeBron 3 沿用上一代的 Air Zoom 和 Pebax 的外包处理，又将 Air Zoom 做薄，以提供大体重下更好的力回馈作用。从前脚掌一直到后跟的大包围式 TPU，在提供保护性的同时也给了球鞋一种霸气的定位，鞋带系统部分类似当年 Air Jordan 11，使其包裹性更佳。

LeBron 3 的广告很有意思，叫《千面王者》，詹姆斯一人演绎 4 人！分别是球员詹姆斯、孩子气的詹姆斯、坏坏的詹姆斯和经验丰富的并且有着光荣历史的老詹姆斯。

球鞋由 Ken Link 设计，鞋盒上有一个巨大的狮子 Logo，标志的由来是“皇帝”右胳膊上的狮头文身，标志下面是“JAMES”字样，上面是“KING”和“Gloria”（詹姆斯母亲的名字）。

● LeBron 3

❹ Nike Air Zoom LeBron 4

2006-2007 赛季是詹姆斯进入联盟的第四个赛季，他率领骑士一路披荆斩棘打进总决赛，那是詹姆斯职业生涯首次打进总决赛。

在老鞋迷的眼里，LeBron 4 的身上散发着 20 世纪 90 年代的设计风格，优美并极具侵略性，而在初涉球鞋领域不久的朋友眼里，LeBron 4 则只是强悍并刚劲十足。最大的设计亮点就是波浪状的中底，以及那一条条贯穿外底的凹槽。

LeBron 4 的鞋面材料采用了和 Air Flightposite 3 类似的 Foam 材质，这种改良后的材料的密度更大，厚度更小，使球鞋的鞋面更贴合脚部，穿着此鞋在球场上打球，感觉就如同开着装甲车一样强悍。LeBron 4 身上均匀分布的 Foam 材料使 LeBron 4 的各方面的保护都格外周到，无论是鞋头还是鞋身。

● LeBron 4

● LeBron 4

❺ Nike Air Zoom LeBron 5

2007-2008 赛季，詹姆斯拿到职业生涯的第 10000 分，从而成为联盟历史上达到此成绩的最年轻球员，那个赛季詹姆斯穿的就是 LeBron 5。

LeBron 5 依旧沿用了绑带的设计，不过这次绑带设计成镂空的，绑带的内外两侧都印有“LJ23”标志。大部分 LeBron 5 配色都使用漆皮的鞋身，让鞋显得相当酷炫。拥有整个 LeBron 系列 12 代之前最轻薄、最舒适的鞋舌，在鞋舌正中间放置詹姆斯的狮头 Logo（部分配色没有）。

值得称道的是，此鞋的包裹性堪称一流，由于采用全掌弹力内靴和全新的鞋身框架设计，因此鞋头的贴合感非常的好。而后跟跟腱处良好的贴合感是依靠内靴后跟处增加额外的 Counter（硬质板，一般用于球鞋后跟的加固，由硬纸或者塑料制成）来实现的。这些设计使得 LeBron 5 在实战中对脚部的每一个动作都十分顺从，无论是急停、变向或快速切入，这意味着能用更少的力气更快地完成技术动作。

● LeBron 5

● LeBron 5

❻ Nike Air Zoom LeBron 6

相比 Air Zoom LeBron 5 的花哨外观，LeBron 6 在外观上走的是简约路线，大气的流线型设计让整双鞋看上去颇有 Nike Air Force 的影子。简洁的设计并未影响到它的科技含量，没有夸张的漆皮鞋面，没有盔甲护身，但全掌加上后跟 Air Zoom，成为此鞋的最大亮点。

这款签名鞋在刚发布时却备受吐槽，认为外观过于单调，设计师 Ken Link 解释说："这双鞋的性能是最好的，既可以实战也可以平时轧马路穿。"这两点要求也是詹姆斯本人提出的。

● LeBron 6

❼ Nike Air Max LeBron 7

这款球鞋是詹姆斯签名鞋系列之中最具创新性的，LeBron 7 拥有最大的舒适性和稳定性，球鞋采用 Nike 创新的缓震技术——全掌 Max Air 气垫单元。

与以前的球鞋相比，鞋面的 Flywire 技术采用了更高强度的纤维，能够更好地帮助球员应对高强度的比赛。

整双鞋在细节上也做足了功夫，亮点出现在鞋的外底，设计师在此处设计了一个 3D 密钥，微微旋转球鞋就能在密钥上呈现出詹姆斯的个人信息。此外，鞋外底还有五个弹性凹槽，代表着奋战球场的五位球员，中段的 23 道条纹代表的是詹姆斯的球衣号码。

● LeBron 7

2009 年 8 月 8 日，Nike 公司在詹姆斯的家乡——俄亥俄州阿克伦城举行全球媒体峰会，隆重推出詹姆斯第 7 代战靴 Air Max LeBron 7，这款球鞋是詹姆斯签名鞋系列之中最具创新性的新款篮球鞋，标志着詹姆斯专属战靴进入一个新的时代。

❽ Nike Air Max LeBron 8

LeBron 8 是詹姆斯加盟热火后的第一双签名鞋，霸气的外观设计，改良全掌 Max 气垫，可靠的保护、用料充足、做工精美，延续了詹姆斯球鞋系列一贯的稳固和实用。

从最核心的缓震科技来讲，LeBron 8 既保留了全掌 Max Air 360，又开发了前 Zoom 后 Max Air 180 的全新组合。此代战靴拥有 V1、V2、P.S. 三个分身，这在詹姆斯的签名鞋系列中是绝无仅有的。

● LeBron 8

❾ Nike Air Max LeBron 9

詹姆斯亲自参与 Air Max LeBron 9 的设计，根据本人意见，这款鞋首次将 Flywire 飞线技术与 Hyperfuse 结构结合在一起。

Hyperfuse 结构的增加大大增强了球鞋的整体透气性和耐磨性，使这款鞋的寿命得以延长。紧紧环绕脚部的中底装备融合了 Flywire 飞线 3.0 技术，使整双鞋的支撑性有了质的飞跃。减轻球鞋重量的同时，又不失保护性，加上近乎无缝的一体式鞋面，此鞋成为詹姆斯在赛场上速度和力量的象征。

● LeBron 9

❿ Nike Air Max LeBron 10

当你第一眼看到 LeBron 10 的时候，就会不由自主地惊叹："原来篮球鞋可以设计得如此美丽！"

这款鞋的色彩简直是闪耀夺目，鞋面用了钻石切割的设计理念，使得整双鞋的鞋面充满了钻石切割的味道。因此，钻石成为 LeBron 10 设计上最大的话题。

炫目的外观设计并没有让这双鞋的科技含量因此成为噱头，Flywire 动态飞线技术与 Hyperfuse 结构的结合再次运用到这款鞋的设计当中，使得鞋的整体依然保持了良好的透气性和稳定性。

● LeBron 10

⓫ Nike LeBron 11

LeBron 11 可以说是配上了 Nike 最新最强的科技元素，完美地配合了詹姆斯力量与速度兼备的球风。

作为迄今为止最轻的一双战靴，LeBron 11 兼具力量与精准双重特点，鞋面运用 Nike Hyperfuse 构造和动态飞线技术，提供动态贴合和完美锁定，帮助球员在比赛中运动自如。

鞋底采用全掌 Lunarlon 缓震配以 Nike Zoom 单元，LeBron 11 令詹姆斯的脚部更贴近地面，以助球员随时感应球场变化，这也是詹姆斯战靴首次把这两种技术相组合。

LeBron 11 的设计灵感参考了电影《超级英雄》里的钢铁侠，故此鞋面像盔甲一样，配合 Hyperposite 材料，令球鞋有很浓郁的科幻感。

● LeBron 11

● LeBron 11

⑫ Nike LeBron 12

LeBron 12 的设计在增强詹姆斯爆发力的同时，将以下三种关键优势结合在一起：出色的缓震系统、安全稳固的支撑力和自如的灵活性。

在 LeBron 12 的外底中有五个可视的六边形 Nike Zoom 气垫，在增强每一步爆发力的同时，促进自然律动。Nike Zoom 气垫分布于足部多个重要压力点上。为配合鞋底，球鞋采用了轻质、透气的 Megafuse 鞋面，就像足部的第二层皮肤一样，最大限度减轻了球鞋的重量，并增加了透气性和舒适性。

此鞋配色很多，红白配色的 Heart of a Lion 款，是从跳动的心脏得到启发；还有蜂鸟款 Instinct、象征足部血液流动的 Six Meridians、融入数据元素的 Data 款、以军用直升机为原型设计的 Dunk Force，以及一款以 LeBron 为灵感打造的 Trillion Dollar Man。

● LeBron 12

⑬ Nike LeBron 13

2015 年 9 月 28 日，全新詹姆斯战靴 Nike LeBron 13 发布，新鞋将锁定贴合和动态缓震合二为一，这与詹姆斯在场上展现出的力量和速度相得益彰。

LeBron 13 的设计体现了詹姆斯与故乡俄亥俄州阿克伦市的渊源，球鞋配色有独特而鲜明的元素，分布于鞋的五个部位：鞋舌顶部、鞋舌装饰、鞋跟标签、Nike 品牌标志和鞋跟内侧。每款配色都通过外底材质及位于鞋头和鞋跟标签上的詹姆斯个人标志等特别细节，向詹姆斯致敬。

● LeBron 13

● LeBron 13

⑭ Nike LeBron 14

2016 年，詹姆斯在圣诞大战中穿上了自己的第 14 代签名战靴出场。自 LeBron 12 代开始，鞋就采用分割式独立气垫，而这一代再度得到进化，中底搭载了最大化的 Air Zoom 气垫单元作为避震反馈之用。

鞋身以 Dual-zone composite 复合式面料制作，并透过雷射穿孔技术辅助带来贴合包覆感，而那一条横亘鞋身的 Dynamic 中足绑带是以弹性材料进行周期性排列，拉伸时会膨胀扩大，反之受到挤压则收缩，这样的特性有助于随着脚掌的运动适度伸缩延展，带来更自然且实时的支撑锁定。

● LeBron 14

⑮ Nike LeBron 15

2017 年，LeBron 15 首度采用 BattleKnit 织料，该织料具备优异的延展性并能更好地锁定稳固双足，耐用度极大提升，中底部分则采用 Max Air 搭配 Zoom 缓震系统。“锁定双脚让我放心去飞”“自适性保护”“让我更轻盈”这三点是詹姆斯提议的，也成为这双鞋创作的基石。“Battle Knit”的 Flyknit 鞋面，虽然贴合性十足，但是由于材质的本身以及设计上并没有在侧面增加支撑块等问题，横向移动中，会有一定延展。虽然 LeBron 15 在支撑性上并不能令人满意，但舒适度以及缓震性和潮流属性，是非常值得推荐的。

● LeBron 15

⑯ Nike LeBron 16

2018 年 LeBron 16 面世，此鞋在外形上与前一代有着明显差异，只有鞋底部分看起来有些相似。鞋面是简洁的线条覆盖，同时增加了内靴的设计，后跟处的狮头 Logo 非常醒目，整体风格简约硬朗，强悍霸气。

鞋款科技方面采用最新的 Battleknit 2.0 材质打造鞋身，并搭配最新的各部位独立 Zoom 加 Max 气垫单元。强大的鞋款配置完美契合詹姆斯的诉求，让每一次进攻都能轻易撕破对手防线。鞋身设计也是可圈可点，鞋面材质本身的特性带来极为特殊的黑红相间效果。后跟代表胜利与王者的狮头压纹图案，点缀鲜红色刺绣作为眼睛。狮王的魄力摄人心魄，让人绝对臣服于“詹皇”的赛场统治力！

● LeBron 16

⑰ Nike LeBron 17

2019 年，在全新的 LeBron 17 战靴中，可以看到 Nike 依旧对这位头牌球星表现出足够的重视。鞋身回归中高帮造型，整体线条与人气极高的 LeBron 10 颇有些相似。

鞋舌特别由反光材质打造，以达到狮头的浮雕效果，加上“Dunkman Logo”“I'm King”“LJ”和“23”等文字和符号装扮，在弱光环境下，呈现出炫目的 3M 发光效果。犀利的领口设计，酷似国王的王冠，鞋帮加入热熔材质，并注入独特印花纹理，带来前所未见的华丽。

● LeBron 17

从家乡阿克伦到如今的迈阿密。詹姆斯一路走来，脚下的每一款战靴，都是“皇帝”征服天下的利器，在这个过程中，有成功、有失败、有挫折、有辉煌，但必将成为一代传奇。

职业生涯常规赛数据

赛季	球队	篮板	助攻	抢断	盖帽	得分
2003-2004	骑士	5.5	5.9	1.6	0.7	20.9
2004-2005	骑士	7.4	7.2	2.2	0.7	27.2
2005-2006	骑士	7.0	6.6	1.6	0.8	31.4
2006-2007	骑士	6.7	6.0	1.6	0.7	27.3
2007-2008	骑士	7.9	7.2	1.8	1.1	30.0
2008-2009	骑士	7.6	7.2	1.7	1.1	28.4
2009-2010	骑士	7.3	8.6	1.6	1.0	29.7
2010-2011	热火	7.5	7.0	1.6	0.6	26.7
2011-2012	热火	7.9	6.2	1.9	0.8	27.1
2012-2013	热火	8.0	7.3	1.7	0.9	26.8
2013-2014	热火	6.9	6.3	1.6	0.3	27.1
2014-2015	骑士	6.0	7.4	1.6	0.7	25.3
2015-2016	骑士	7.4	6.8	1.4	0.6	25.3
2016-2017	骑士	8.6	8.7	1.2	0.6	26.4
2017-2018	骑士	8.6	9.1	1.4	0.9	27.5
2018-2019	湖人	8.5	8.3	1.3	0.6	27.4
2019-2020	湖人	7.8	10.2	1.2	0.5	25.3
场均		7.4	7.4	1.6	0.8	27.1

职业生涯季后赛数据

赛季	球队	篮板	助攻	抢断	盖帽	得分
2005-2006	骑士	8.1	5.8	1.4	0.7	30.8
2006-2007	骑士	8.1	8.0	1.7	0.5	25.1
2007-2008	骑士	7.8	7.6	1.8	1.3	28.2
2008-2009	骑士	9.1	7.3	1.6	0.9	35.3
2009-2010	骑士	9.3	7.6	1.7	1.8	29.1
2010-2011	热火	8.4	5.9	1.7	1.2	23.7
2011-2012	热火	9.7	5.6	1.9	0.7	30.3
2012-2013	热火	8.4	6.6	1.8	0.8	25.9
2013-2014	热火	7.1	4.8	1.8	0.6	27.4
2014-2015	骑士	11.3	8.5	1.7	1.1	30.1
2015-2016	骑士	9.5	7.6	2.3	1.3	26.3
2016-2017	骑士	9.1	7.8	1.9	1.3	32.8
2017-2018	骑士	9.1	9.0	1.4	1.0	34.0
场均		8.9	7.1	1.8	1.0	28.9

职业生涯全明星赛数据

年份	举办地	篮板	助攻	抢断	盖帽	得分
2005	丹佛	8	6	2	0	13
2006	休斯敦	6	2	2	0	29
2007	拉斯维加斯	6	6	1	0	28
2008	新奥尔良	8	9	2	2	27
2009	菲尼克斯	5	3	0	0	20
2010	达拉斯	5	6	4	0	25
2011	洛杉矶	12	10	0	0	29
2012	奥兰多	6	7	0	0	36
2013	休斯敦	3	5	1	0	19
2014	新奥尔良	7	7	3	0	22
2015	纽约	5	7	2	0	30
2016	多伦多	4	7	0	0	13
2017	新奥尔良	3	1	0	0	23
2018	洛杉矶	10	8	1	0	29
2019	夏洛特	8	4	0	2	19
2020	芝加哥	5	6	1	2	23
场均		6.3	5.9	1.2	0.4	24.1

LEBRON JAMES

勒布朗·詹姆斯档案

- 勒布朗·詹姆斯/LeBron James
- 生日：1984 年 12 月 30 日
- 出生地：俄亥俄州阿克伦城
- 毕业学校：圣文森·圣玛丽高中
- 身高：2.03 米 ● 体重：113 千克
- 选秀：2003 年第 1 轮第 1 顺位
- 现效力球队：湖人 ● 位置：小前锋
- 号码：23 号 ● 球龄：17 年
- 生涯荣誉：三届总冠军、两届奥运会金牌、九届东部冠军、四届常规赛 MVP、三届总决赛 MVP、三届全明星赛 MVP、十六届全明星首发、2004 年最佳新秀、2004 年最佳新秀阵容第一阵容、十二届第一阵容、两届第二阵容、五届最佳防守阵容、2007-2008 赛季得分王、2006 年世锦赛男篮铜牌、2003 年奈·史密斯高中篮坛 MVP、20 次《体育画报》封面人物